불교에서 본 우주

불교에서 본 우주

강승환 지음

운주사

머리말

과연 이 글이 책으로 나올 수 있을까? 안다는 소리보다 모른다는 소리가 더 많고, 정말 그런가 하고 의심스러운 곳이 더 많은데…… 이런 이유 때문에 그간 이 글의 출간을 망설였다. 자신이 없었기 때문이다. 그러다 우연히 친구들과 이야기를 나누게 되었고, 누군가가 말했다. 그래도 전문가인 출판사와 한번 상의해보는 것이 좋지 않겠냐고. 이에 용기를 내어 운주사 김시열 사장님께 부탁했더니 뜻밖에도 한번 해보자고 했다. 그래서 이 책이 세상에 나오게 되었다. 김 사장님의 용기에 감사드린다.

사실 이 책은 모르는 것 천지다. 우주의 공간이 그렇고, 우주의 구조가 그렇고, 우주의 시작이 그렇고, 우주의 끝이 그렇다. 이 중 필자는 적어도 우주의 공간만큼은 설명할 수 있다고 감히 생각했다. 곧 우주의 끝 정도는 쉽게 알 수 있다고 말이다. 그러면 대철학자라는 소리도 들을 수 있지 않을까 하는 치기어린(?) 생각도 있었다. 그래서 손에 닿는 책은 다 뒤졌다. 불경을 비롯해서 우리나라 서적과 외국 번역서, 우리 선조들의 옛글 등등…… 그러나 어느 곳에도 이에 대한 분명한 설명이 없었다. 아예 생각을 않거나 적당히 얼버무렸다. 특히 불교 경전의 알듯 모를 듯한 말들로 인해 무던히

속을 태웠다.

이래서는 안 되겠다 싶어 이번에는 보고 들은 것과 내 머리를 연결시켜 이리저리 굴려보았다. 그래도 믿을 것은 불교의 우주관을 잘 보여주는 『화엄경』이라 생각하고, 이를 기반으로 해서 머리가 아프도록 고민하고 사색에 사색을 거듭하였다. 그러다 얻은 결론은, 우주의 공간과 그 끝을 해명한다는 것은 자그마한 내 머리로는 도저히 알 수 있는 것이 아니라는 사실!

그래서 우주 공간에 대한 규명은 포기하고 대신 이제까지 필자가 생각한 것들을 정리해 보았다. 그러고 보니 나름 무언가 정리가 되는 듯한 느낌이 들었다. 그건 다음과 같은 것들이다.

먼저, 그래도 우주에 대해 생각을 해봤다는 점이다. 사실, 우주 하면 영국의 호킹 박사나 서양의 천체망원경을 떠올려 우리와는 상관없는 것으로 생각하고, 또 관심이 있는 사람의 경우에도 우주에 관한 다큐나 관련 책을 뒤적이며 대강의 이해에 만족하고 마는데, 그래도 본격적인 사색과 탐구의 열정으로 우주의 생성과 끝, 시간과 공간의 문제 등에 대해 깊게 생각하고 고민해본 것이다. 부끄러운 고백이지만, 이는 필자 스스로에게도 참 대견한 일이었다.

둘째, 불교와 현대천문학을 연계시켰다는 점이다. 물론 그것이 맞을 수도 있고 틀릴 수도 있을 것이다. 또 과학이 발전함에 따라 관점이 바뀔 수도 있겠지만, 중요한 것은 이천오백 년 전 붓다가 고도의 정신적 경지에서 관찰한 우주가 오늘날 천문학의 우주관과 그 차원에 있어 놀라울 정도로 상통하는 점이 있다는 사실이다. 어쨌든 지금까지 아는 것을 토대로 이 두 관점을 연계시켰으니, 이 점이 바로 이 책의 주안점이 됨은 당연하다.

그러나 이에 대한 비판도 만만찮다.

첫째, 필자는 불교에서 말하는 관조觀照의 관觀자도 모른다. 곧 수행은 전혀 해보지 않았다는 말이다. 그런데 여기에 나오는 불교의 견해는 대부분 관조에서 나온다. 그러니 불교에서 말하는 우주에 대해 필자는 직접 체험으로 확인을 못하고, 들은 이야기를 했다는 한계를 가질 수밖에 없다는 비판이다.

둘째, 천문학을 이야기했는데, 전공을 하지도 않은 사람이 천문학에 대한 전문적 학식은 가지고 있는가? 하는 점이다. 천문학에 대한 깊이와 견해를 말하자면, 보통사람들과 진배없이 한 걸음만 깊이 들어가면 무슨 소리인지 잘 알아듣지 못한다. 이런 사람이 천문학과 불교를 비교하여 우주에 대해 글을 쓴다고 하니, 길 가던 소가 웃을 지도 모르겠다.

그러나 바꿔 생각하면, 이것이 오히려 필자에게는 장점이 되었다고 생각한다. 모르는 사람이 용감하기 때문이다.

먼저, 위에서 말한 것처럼 불교와 천문학을 객관적 관찰자의 입장에서 한꺼번에 놓고 멀리서 바라봤다는 것이다. 이는 어느 한쪽만 전공한 사람으로서는 생각하기 어려운 일일 수 있다. 하지만 어느 쪽에도 정통하지 못하기 때문에 오히려 우주 전체를 천문학과 불교철학의 안목을 빌어 통섭적으로 조망할 수도 있는 일이다. 물론 여기에는, 둘 다 전공하지 못한 처지이므로, 양자가 바라보는 우주에 대한 더욱 세밀하고 심도 있는 설명을 명확하게 못한다는 한계가 있으리라 본다. 적어도 현재까지는 말이다. 그러나 만약 현대천문학과 불교의 통섭적 만남으로 이루어진 우주에 대한 설명이 정말 우주의 실제 모습에 좀 더 접근할 수 있는 방법이라면, 이는 불교나 현대과학에게도 고무적인 자극을 줄 수도 있다고 확신한다.

다음으로, 필자 나름대로 새로운(?) 견해를 제시했다는 점이다. 공간의 두께라는 개념을 명확히 도입하여 복잡다단한 이론들을 논리화하고 체계화시켰으며, 이를 바탕으로 불교의 성주괴공이나 연화장의 세계관을 현대과학의 입장으로 설명하고자 했다는 점이다. 물론 틀린다면 아무것도 아니겠지만, 이것이 사실과 더욱 부합된다면 우주에 대한 더욱 깊은 안목과 새로운 탐구 방법의 지평을 열수도 있을 것이다.

하지만 이 책은 필자가 비전공자라는 한계를 지니고 공부하고 정리한 것이기에 여러 모로 부족한 점이 많을 것이다. 또한 여기서 밝히지 못한 우주의 비밀 또한 부지기수로 많다. 그럼에도 불구하고 지구상에서 가장 고도의 종교적, 철학적 깊이를 지녔다고 평가받는 불교의 논리와 최첨단 현대물리학과 천문학의 성과를 상호 융합적으로 비교하고 오랫동안 사색하고 고민한 흔적이라는 점에

이 책의 가치와 의미를 두고 싶다. 필자의 이러한 시도가 우주와 인생의 신비한 비밀을 엿보고자 하는 분들에게 작지만 도움이 되기를 바란다.

2014년 5월

강승환

현대과학의 우주

우주의 생성: 빅뱅

지금까지 알려진 현대과학의 우주 생성 이론은 빅뱅이 가장 유력하다. 지금으로부터 약 137억 년 전 큰 폭발이 있었다. 어떤 작은 물체가 폭발하여 극히 짧은 순간에 우주 전체로 퍼졌는데 이를 대폭발, 영어로는 빅뱅big bang이라 한다. 이로써 우주가 생성되었다.

따라서 대폭발 직후에는 우주가 아주 작은 입자粒子들로 가득 차 있었다. 그러다가 이 입자들이 결합하여 초기 물질을 이루고, 이 초기 물질로부터 별들이 생겨나 지금과 같은 우주가 되었다.

또 지금의 우주는 둥글며 지름은 약 300억 광년이다. 1광년光年은 빛이 1년간 가는 거리이니, 곧 9조 4,600만km이다.

또 우주는 계속 팽창하는데 그 팽창 속도는 초속 약 71km이며, 우주는 계속 회전도 하는데 그 회전 주기는 약 1,600억 년이다.

은하

넓은 의미의 별(星)은 하늘에 있는 모든 천체天體를 말한다. 그 중 태양과 같이 스스로 빛을 내는 천체를 항성(恒星, 붙박이별)이라 하는데 좁은 의미의 별은 이것만을 가리킨다. 지구나 달과 같이 스스로 빛은 내지 못하는 행성(行星, 떠돌이별)은 일반적으로 별로 취급되지 않는다.

밤에 눈을 들면 별이 보인다. 과학자들은 우리 눈으로 볼 수 있는 별의 개수가 약 3,000억 개라고 한다. 이 3,000억 개의 별이 모여 하나의 은하銀河를 이루는데, 곧 우리가 살고 있는 은하수다. 은하수銀河水는 영어로는 밀키 웨이Milky Way이고, 순수 우리말로는 미리내다.

우리 은하인 미리내와 가장 가까이 있는 은하는 안드로메다은하인데, 원칙적으로 맨눈으로는 볼 수가 없다. 따라서 우리가 보는 별은 모두 우리 은하의 별들뿐이다.

그런데 이 우주에는 이런 은하가 약 3,000억 개나 있다고 한다. 미리내는 그 3,000억 개 은하 중의 하나일 뿐이다. 따라서 우주 전체의 별들 개수는 3,000억×3,000억 개이니 엄청나다. 만약 지구나 달과 같은 행성이나 위성衛星까지 포함하면 그 수는 훨씬 더 늘

은하

어난다.

또 과학자들은 은하들의 모습도 이야기한다. 막대 모습, 나선형 모습, 수레바퀴 모습, 타원 모습, 안테나 모습, 소리굽쇠 모습 등등 으로 말이다.

은하수(미리내)

이제 우리 은하, 곧 미리내를 본다. 곧 3,000억 개 별들을 본다.

먼저 옆에서 본다. 아주 멀리서 말이다. 그러면 가운데가 볼록한 접시 모양이다. 곧 3,000억 개의 별들이 공간에 골고루 퍼져 있는 것이 아니라, 가운데는 별들이 많이 몰려 있는 접시 모양이라는 것 이다. 이 가운데 볼록한 부분을 중앙 팽대부膨大部라 한다.

이번에는 미리내를 안에서 둘러본다. 곧 접시 안에서 위아래와 좌우를 들러본다고 할 수 있다. 먼저 위아래를 보면 별들이 거의 없다. 접시 안에서 위아래를 보면 아무것도 없는 것과 같다.

그러나 좌우를 둘러보면 별들이 많다. 접시 안에서 좌우를 둘러보는 것과 같다. 마치 강처럼 길게 보인다. 이것이 밤하늘의 미리내가 길고 둥글게 보이는 이유다.

우리 선조들은 이를 미리내, 곧 물(水)이 흐르는 내(川)라고 했다. 중국 사람들도 비슷하게 생각해서 은하수銀河水, 곧 은빛 강물이라고 했다. 밀키 웨이Milky Way 역시 비슷한 견해이다. 우윳빛 길이기 때문이다.

이제 미리내를 위에서 내려다본다. 접시 모양을 위에서 내려다본다고도 할 수 있다. 물론 아주 멀리서 말이다. 그러면 별들이 접시처럼 골고루 퍼져 있는 것이 아니라 4개의 날개를 가진 바람개비 모양으로 나타난다.

곧 우리 은하를 위에서 내려다보면 마치 네 개의 바람개비가 도는 모양으로 별들이 몰려 있다는 것이다. 또 이 바람개비도 크기가 똑같지 않아 차이가 있는데, 크기대로 나열해서 이름을 붙이면 카리나, 시그누스, 오리온, 페르세우스가 된다. 이 중 우리 태양은 3번째 크기인 오리온에 있다.(참조: 이시우 지음, 『우주의 신비』, 신구문화사, 2002, 148쪽).

그러면 미리내의 크기는 얼마나 될까? 지름이 약 10만 광년이다.

곧 빛이 10만 년 동안 가는 거리이다. 그리고 가운데 볼록한 중앙 팽대부는 두께가 3,000광년이다.

우리 태양은 미리내 중심에서 약 3만 광년 떨어진 곳에 있다. 미리내 반지름이 5만 광년이니 태양은 중앙보다는 바깥으로 약간 치우쳐져 있는 셈이다.(참조: 이시우 지음, 『붓다의 세계와 불교 우주관』, 민족사, 2010, 202쪽).

우주가 회전하듯 미리내도 회전하는데 그 회전 속도는 초속 약 220km이고, 회전 주기는 약 2억 4,000만 년이다. 천문학에 관한 수치는 학자마다 크게 다르니 크게 신경 쓸 것 없다. 전체적인 흐름을 파악하는 것이 중요하다.

우주와 미리내
우주: 지름 300억 광년. 팽창 속도: 초속 71km, 회전 주기: 1,600억 년
미리내: 지름 10만 광년. 회전 속도: 초속 220km, 회전 주기: 2억 4,000만 년

우주의 소멸: 대 붕괴(빅 크런치)

그러면 한번 생겨난 우주는 그 상태가 영원히 유지될까? 또는 지금 우리가 살고 있는 우주는 영원히 유지될까? 아니면 언젠가는 소멸할까? 예로부터 인간이 줄곧 생각해온 과제인데, 종교와 과학으로 나눠서 생각해 본다.

종교적 견해는 대체로 우주의 소멸론이 우세하다. 종말론, 말세

론, 성주괴공成住壞空 등을 이야기하기 때문이다. 종말론과 말세론은 말 그대로 우주가 언젠가는 끝난다는 견해인데, 대부분의 종교가 이를 인정한다. 성주괴공은 불교에서 이야기하는 것으로 우주가 처음 생겨나서(성成), 일정 기간 머물다가(주住), 언젠가는 무너져서(괴壞), 텅 비어진다(공空)는 견해이다. 이 성주괴공은 이 글에서 다루는 중요한 과제 중의 하나이다.

우주의 소멸에 대한 과학적 견해는 분명치가 않다. 우주 생성에 대해서는 곧잘 이야기하면서도 우주 소멸에 대해서는 적극적인 견해를 드러내고 있지는 않다. 우주 소멸이 별로 유쾌한 과제가 못 되어서 그럴 수도 있겠지만 잘 몰라서 그럴 수도 있다.

그러나 현대과학도 은연중 우주의 소멸을 염두에 두고 있다. 대붕괴 등을 이야기하기 때문이다. 대붕괴大崩壞는 대파괴大破壞, 대함몰大陷沒이라고도 하는데 영어로는 빅 크런치big crunch이다. 곧 우주가 언젠가는 모두 붕괴되어 소멸한다는 것이다. 그리고 그 한 가지 방법으로 검은 구멍, 곧 블랙홀black hole을 이야기한다.

만약 이 이론에 따르면 우주가 생성했다가 언젠가는 소멸한다는 것이니, 이때는 종교적 견해와 비슷하게 된다. 따라서 우주에 소멸에 대해서는 공통적이라 할 수 있다.

블랙홀

블랙홀black hole은 거대한 소용돌이를 말한다. 그 가운데에는 거대한 구멍이 있어 모든 것을 빨아들인다. 곧 이 소용돌이의 어느 지점에 이르면 그 어떤 것도 빠져 나오지 못하고 모두 이 구멍으로 빨려 들어간다. 별은 물론 빛도 빠져 나오지 못한다. 이렇게 해서 우주가 소멸된다는 것이다.

그리고 이 빨려 들어가는 경계선을 '사건의 지평선(Event Horizon)'이라 한다. 사건이 일어나는 경계선이란 뜻인데, 제법 문학적 표현이다. 무엇이 빨려 들어가면 뱉어져 나오는 곳도 있을 것이다. 그래서 이번에는 이를 흰 구멍, 곧 화이트 홀white hole이라 했다. 역시 문학적 표현이다.

블랙홀 화이트홀

불교의 우주

화엄경의 설명

　대부분의 종교들이 우주에 대해 이야기하지만 불교만큼 구체적이고 과학적으로 설명하는 종교가 없다. 불교에 비하면 다른 종교들은 단편적이고 피상적이며 신적神的이고 신화적이다. 가히 논할 것이 못된다.

　그러면 불교를 통하면 우주를 전부 알 수 있는가? 우주의 생성과 소멸, 그리고 구조와 변천 등 말이다. 불행히도 그렇지 못하다. 비록 불교가 우주에 대해 가장 많이 이야기한다고 하지만, 우주에 대해 직접적이고 집중적으로 설명한 경전이 없다. 우주에 대한 견해가 여러 경전에 단편적으로 흩어져 있을 뿐이다.

　사실 석가가 우주에 대해 직접적이고 집중적으로 설명했는지 여부도 잘 알 수가 없다. 그러나 인간뿐만 아니라 우주까지 사색한 석가가 이를 놓칠 리 만무하다고 생각된다. 그럼에도 불구하고 지금 자세히 알 수 없는 것은, 석가의 제자들이 스승의 말씀을 잘 이해하지 못했거나 아니면 경솔히 취급했기 때문이라 생각된다. 물론 어쩌면 지금 경전에 자세히 기록되어 있으나 우리가 이해하지 못할 수도 있다.

어쨌든 지금으로서는 불교 경전을 통해서도 우주의 생성과 소멸 등에 대해 명확한 답을 구할 수가 없다. 대부분의 불교학자들이나 승려들도 이 문제만큼은 입을 다물거나 적당히 얼버무리는 상태다.

그러나『화엄경華嚴經』「화장세계품華藏世界品」은 분명히 우주에 대해 이야기하고 있다. 석가가 제자인 보현보살普賢菩薩로 하여금 우주를 보게 한 후, 그로 하여금 모습을 설명토록 했기 때문이다. 그러나 우주의 장엄함에 놀란 보현보살이 너무 화려함에 치우쳐, 정작 우주의 본모습을 설명하는 데는 소홀한 감이 있다. 그래서 지금 우리가 우주를 모를 수도 있다. 이제 이 책은 이런 점을 전제로 해서 불교의 우주관을 새삼 구성해 보는 것이다.

4겁: 성주괴공

『화엄경』에서는 성주괴공成住壞空을 이야기한다. 위에서 이야기했듯이 우주가 처음 생겨나서(성) 머물다가(주) 무너져서는 (괴) 비어지는 것(공)을 말한다. 이 중 머문다(주)는 것은 현 상태가 유지된다는 뜻이다. 곧 성주괴공은 우주의 생성과 유지와 소멸을 설명하는 이론이다.

이 성주괴공의 온전한 말은 성겁成劫, 주겁住劫, 괴겁壞劫, 공겁空劫이다. 겁劫은 오랜 기간을 뜻한다. 학자에 따라 겁의 기간을 계산하기도 한다. 예를 들어 성주괴공 각각을 3억 2,000년으로 하고, 성주괴공이 한 번 도는 기간, 곧 1대겁大劫을 12억 8,000만 년 등으로 계산하는 것 말이다.(참조: 지관 지음, 『가산불교대사림』12, 가산불교문화연구원, 2010, '사겁四劫').

그러나 천문학과 마찬가지로 불교의 수치는 경전마다 다르니 크게 신경 쓸 것 못된다. 전체적 내용을 파악하는 것이 중요하다. 여기서도 자세한 설명은 생략하고 그냥 오랜 기간이라고만 한다.

어쨌든 이 넷을 합쳐 4겁四劫이라 하고, 이 중 앞 글자를 따서 성주괴공成住壞空이라 하는데, 곧 4겁과 같은 뜻이다

그러나 순서를 바르게 하자면 공空을 앞세우는 것이 좋다. 곧 공성주괴空成住壞라 하는 것이 좋다. 처음 비었는데(공), 무엇인가 생겨나서는(성), 어느 정도 머물다가(주), 결국 무너진다(괴)는 뜻이기 때문이다.

그러면 무너진(괴) 뒤에는 어떻게 될까? 그대로 끝나는가? 그렇지 않다. 다시 비어진다(공). 그리고는 다시 생겨나, 머물다가, 무너져서는, 다시 비어진다. 이와 같은 과정을 무한히 반복한다. 일종의 우주 순환론인데, 불교의 매우 중요한 이론 중의 하나이다.

4륜

한편 『범망경梵網經』에서는 4륜四輪을 이야기한다. 공륜空輪, 풍륜風輪, 수륜水輪, 금륜金輪 하면서 말이다. 우리말로는 빈 바퀴, 바람 바퀴, 물 바퀴, 쇠 바퀴다. 합쳐 4륜(4바퀴)이라 한다.

여기서 바퀴는 우주를 뜻한다. 곧 우주가 바퀴와 같이 납작 둥글하다고 비유한 것이다. 그러나 실제는 공(球)과 같이 둥근 것을 뜻한다. 공과 같이 둥근 것은, 뒤에 말하듯이 중첩重疊을 나타내기 힘들다. 포갤 수가 없기 때문이다. 그래서 바퀴처럼 납작하게 표현했다. 납작한 것은 포갤 수 있으며 포개면 중첩을 나타내기 쉽다.

또 여기서 말하는 빈 것, 바람, 물, 쇠 등도 원칙적으로 비유이다. 실제로 빈 것, 바람, 물, 쇠가 아니라, 처음 빈 것에서 무엇인가 생겨나서 바람 → 물 → 쇠와 같이 점진적이고 구체적으로 굳어지는 과정을 나타낸 말이기 때문이다. 곧 빈 것이 좀 더 구체화된 것이 바람이고, 바람이 좀 더 구체화된 것이 물이며, 물이 좀 더 구체화된 것이 쇠란 말이다. 따라서 이 사이에 수없이 많은 단계가 있다. 그 중 빈 것, 바람, 물, 쇠 4가지를 대표로 들어 간단히 4단계로 정리한 것이다.

조금 더 일반적으로 말하면 처음 우주는 비었는데, 기氣나 에너지 같은 것이 생겨났다가, 입자 같은 것들로 변하고, 이것들이 물질로 변하여 지금과 같은 우주가 생겨났다고 하는 것과 같다. 따라서 이들 사이에 무수한 변천 단계가 있다.

4겁과 4륜

그러면 앞서 말한 4겁四劫과 뒤에 말한 4륜四輪은 어떤 관계일까? 같은 것일까, 다른 것일까? 두 가지로 생각해 볼 수 있다.

첫째는 4겁과 4륜을 같은 것으로 보는 것이다. 4겁에서 무너지는 단계인 괴겁壞劫을 빼고 정리한 것이 4륜이란 말이다. 곧 4륜은 우주의 생성과 유지를 주로 나타내는 말이란 뜻이다. 그리고 이때의 4륜은 모든 4겁에 적용된다고 할 수 있다.

둘째는 4륜이 현재 우리가 살고 있는 4겁에만 적용된다고 보는 것이다. 곧 지금의 4겁만을 가리킨다고 보는 것이다. 따라서 4륜이 다른 4겁에는 적용되지 않을 수도 있다.

만약 그렇다면 이때의 4겁에는 다른 우주 법칙, 다른 과학 이론이 적용될 수도 있다는 말이다. 곧 다른 4겁에는 지금 현재의 우주 법칙, 과학 이론이 적용되지 않을 수도 있다는 말이다. 지금의 과학 이론은 지금의 순환에만 독특한 것일 수도 있다는 말이다.

이 중 어느 것이 옳을까? 장담할 수가 없다. 잘 모르기 때문이다. 따라서 여기서는 둘째 것으로 생각하기로 한다. 적어도 4륜이 지금 우리가 살고 있는 4겁의 순환은 설명한다고 말이다.

4겁과 4륜
4겁四劫: 공겁空劫, 성겁成劫, 주겁住劫, 괴겁壞劫=성주괴공成住壞空
4륜四輪: 공륜空輪, 풍륜風輪, 수륜水輪, 금륜金輪

『구사론』의 4겁

한편 『구사론倶舍論』은 4겁, 곧 성주괴공에 대해 자세히 이야기한다. 다소 생소하고 끔찍하지만 한번 들어본다.

『구사론』은 우선 성주괴공 각각을 둘로 나눈다. 예를 들면 성成을 기세간器世間과 중생세간衆生世間 둘로 나누는 식이다. 다른 것도 마찬가지다. 기세간은 무엇이 담겨져 있는 그릇이란 뜻이니, 우주 자체를 말하고, 중생세간은 중생들이 사는 세상이란 뜻이니, 인간 또는 생명체 세상을 말한다. 곧 우주 자체와 생명체 둘로 나누는 것이다.

또 성주괴공 각각에도 일정 기간이 있는데 내용은 경전마다 차이가 있다. 어떤 곳에서는 20소겁小劫이 있다고 하고, 어떤 곳에서는 20중겁中劫이 있다고 한다. 여기서는 20소겁으로 계산한다.

그러면 성成에 20소겁이 있고, 주住에 20소겁이 있고, 괴壞에 20소겁이 있고, 공空에 20소겁이 있어 모두 80소겁이 된다. 또 20소겁을 1중겁이라 하고, 4중겁을 1대겁大劫이라 한다. 따라서 80소겁이 1대겁이 되어 성주괴공이 한 번 도는 기간이 된다.

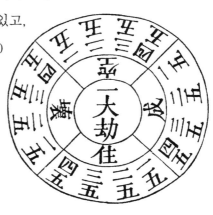

성주괴공

이제 성겁成劫을 본다. 곧 이루어지는 기간을 본다. 위에서 말한 것처럼 이는 기세간과 중생세간 둘로 나눠진다. 그리고 기세간이 먼저 이루어지고 중생세간이 뒤에 이루어진다. 곧 우주 자체가 먼저 이루어지고 생명체(중생) 세상이 뒤에 이루어진다. 어쩌면 당연한 일인지도 모른다.

기세간이 이루어지는 과정을 보면 공륜空輪 → 풍륜風輪 → 수륜水輪 → 금륜金輪의 순서가 된다. 위에서 이를 4륜이라 했다. 공空에서 색色으로 점진적으로 변천하는 느낌이다. 그리고 기세간이 이루어지는 데는 1소겁이 걸린다.

중생세간도 일정한 순서로 이루어지는데 무색계無色界 → 색계色界 → 욕계欲界의 순서가 된다. 흔히 이를 삼계三界라 하는데 역시 공에서 색으로 점진적으로 변천하는 느낌이다. 중생세간이 이루어지는 데는 19소겁이 걸린다.

따라서 기세간과 중생세간을 합쳐 20소겁이 되는데, 중생세간이 상대적으로 매우 긺을 알 수 있다. 이는 중생의 출현이 그만큼 어렵다는 뜻이다.

주겁住劫은 현재 상태가 유지되는 기간이다. 곧 지금 우주가 그대로 머무는 시기이다. 따라서 기세간은 거의 변동이 없다.

중생세간 또한 큰 변동이 없다. 다만 인간의 수명만 변해서 무량세無量歲에서 8만 4천 세로, 다시 10세로 변한다. 이와 같은 변화를 20번이나 반복한다. 이는 소삼재小三災, 곧 전쟁·질병·기근 때문인데 대부분 중생의 잘못에 기인한다. 인간의 수명이 한량없는 것에서 10살까지 줄어들고. 그것도 20번이나 반복하니 그 사이의 고통은 말할 수가 없을 것이다.

주겁의 기간도 합쳐 20소겁이나 여기서는 구태여 기세간과 중생세간을 구분하지 않는다. 구분할 필요가 없기 때문이다.(참조: 고익진 지음,『현대한국불교의 방향』, 운주사, 1984)

괴겁

다음 괴겁壞劫은 무너지는 시기이다. 이것 역시 합쳐 20소겁인데, 중생세간이 먼저 무너지고 기세간은 나중에 무너진다. 성겁成劫의 반대로 볼 수 있다.

중생세간이 무너지는 데는 19소겁이 걸리는데 지옥 → 축생 → 인간 → 천天의 순서로 무너져 삼선천三禪天 이하 모든 중생(생명체)이 소멸한다. 욕계 → 색계 → 무색계 순서로 무너진다고도 할 수 있다. 그리고 기세간이 무너지는 데는 1소겁이 걸린다.

이를 자세히 보면 이렇다. 처음 대삼재大三災, 곧 화재火災·수재水災·풍재風災가 일어나 모든 것을 태우거나 쓸어간다. 이 대삼재는 인간이 관여할 수 없는 사항들이다. 인간 세상의 그것이 아니고 우주의 그것이기 때문이다. 따라서 인간이 관여할 수도 없고 그래서 끔찍한지도 모른다.

먼저 일곱 해(七日)가 나타난다. 그리고는 화재를 일으켜 지옥부

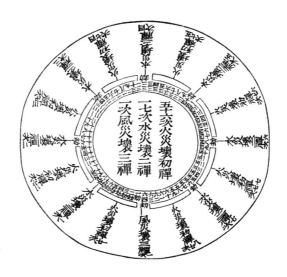

성주괴공도

터 시작해서 축생, 인간, 나아가 천상의 초선천初禪天 이하 모든 것을 다 태운다. 이런 화재가 7번 반복된다. 그러다가 마지막에 한 번의 수재가 일어나 이번에는 이선천二禪天 이하 모든 것을 다 휩쓸어간다. 이를 7화1수七火一水, 곧 일곱 번의 화재와 한 번의 수재라 한다.

이와 같은 7화1수가 7번이나 반복된다. 그런 후 다시 화재가 7번 연달아 일어나며, 그런 뒤에 이번에는 한 번의 풍재가 일어나 삼선천三禪天 이하 모든 것을 다 파괴한다. 결국 56번의 화재, 7번의 수재, 1번의 풍재로 삼선천 이하 모든 것이 파괴되는 것이다.

그러나 사선천四禪天 이상은 파괴되지 않는다. 파괴되는 대상이 아니기 때문이다. 곧 파괴될 것이 없기 때문이다. 공空에 가깝다는 말이다. 따라서 여기서부터를 진정한 의미의 공空이라 할 수 있다.(참조: 길상 지음,『불교대사전』, 홍법원, 1998, '삼재')

공겁空劫은 말 그대로 텅 빈 세계이다. 색계 삼선천 이하 우주와 중생이 모두 무너지고 허공만 존재한다. 사선천 이상만 남으니 진정한 공과 부처만 남은 셈이다.

기간은 역시 20소겁인데, 여기서도 구태여 기세간과 중생세간을 구분하지 않는다. 이런 개념이 이미 존재하지 않기 때문이다. 모두 공이란 말이다.

그리고 이 기간이 지나면 다시 성겁이 시작된다. 곧 우주의 순환이 다시 시작된다. 그리고는 무한히 반복한다.

4겁四劫
성겁成劫-20소겁. 기세간은 1겁, 중생세간은 19겁 만에 이루어짐.
주겁住劫-20소겁. 기세간 중생세간 구분 없이 현상이 유지됨.
괴겁壞劫-20소겁. 기세간은 1겁, 중생세간은 19겁 만에 무너짐.
공겁空劫-20소겁. 기세간 중생세간 구분 없이 텅 비었음.

세간世間의 순서
기세간: 공륜空輪 → 풍륜風輪 → 수륜水輪 → 금륜金輪
중생세간: 지옥地獄 → 축생畜生 → 인간人間 → 천天
　　　　　　욕계欲界 → 색계色界 → 무색계無色界

세계해

한편 『화엄경』「여래현상품如來現相品」에는 세계해世界海라는 생소한 말이 나온다. 우리말로는 세계 바다인데, 이 우주에는 이런 세계해가 수없이 많다고 한다.

그러면서 그 중 11개를 예로 들고 있다. 예를 들면 가운데 있는 화장장엄세계해華藏莊嚴世界海와 그 동쪽에 있는 청정광연화장엄세계해淸淨光蓮華莊嚴世界海 등이다. 이는 우주 전체를 세계해라 했는데, 이를 나눈 부분도 세계해라 표현한 것으로 생각된다. 따라서 수없이 나눠진 세계해가 모여 하나의 전체적인 세계해를 이룬다.

그리고 이 나눠진 세계해에는 각각 국토國土와 부처(佛)가 있다. 예를 들면 가운데 있는 화장장엄세계해에는 연화장蓮華藏이라는 국토가 있고 비로자나불毗盧遮那佛이라는 부처가 있는 식이다. 또 동쪽에 있는 청정광연화장엄세계해에는 무변광원만장엄無邊光圓滿莊嚴이라는 국토가 있고 법수각허공무변왕法水覺虛空無邊王이라는 부처가 있는 식이다. 모든 세계해가 다 그렇다.(참조: 80『화엄경』, 대정장 10책 27쪽 상6 이하 ; 조경철 지음, 『불교의 우주관, 불교와 제과학』, 동국대학교출판부, 1987, 316쪽)

이 중 가운데 있는 화장장엄세계해가 바로 지금 우리가 살고 있는 세계해이다. 따라서 이를 중점적으로 살펴보는데, 이것 역시 수없이 많은 세계해 중의 하나임을 알아야 한다.

세계해의 모습

또 『화엄경』 「세계성취품世界成就品」에는 세계해의 모습을 이야기한다. 세계해가 수없이 많은 것처럼 세계해의 모습 역시 수없이 많다고 하면서 그 중 11개를 예로 들고 있다.

곧 둥근 모습(圓), 모난 모습(方), 둥글지도 모나지도 않은 모습(非圓方), 차별이 한량없는 모습(無量差別), 물이 도는 모습(水旋形), 산의 불꽃 모습(山焰形), 나무 모습(樹形), 꽃 모습(華形), 궁전 모습(宮殿形), 중생 모습(衆生形), 부처님 모습(佛形)이 그것이다.(80 『화엄경』, 대정장 10책 36쪽 상22)

그러나 위에 말한 11개 세계해의 모습이 구체적으로 어떤 모습인지는 말하고 있지 않다. 따라서 어느 세계해의 모습이 어떤지는 알 수가 없다.

다만 가운데 있는 화장장엄세계해, 곧 지금 우리가 살고 있는 세계해, 흔히 말하는 연화장세계蓮華藏世界의 모습은 알 수 있다. 곧 연꽃(연화) 모습이다.

그리고 『화엄경』 「화장세계품華藏世界品」에서는 이 화장장엄세계해에 대해 상세히 설명하고 있다. 다른 세계해에 대한 설명은 거의 없다. 따라서 앞으로 화장장엄세계해를 통해 우주 전체의 모습을 유추해 보고자 한다.

화장장엄세계해의 성립

우선 화장장엄세계해의 성립 과정을 본다. 그 구성을 본다고도 할 수 있다. 그러기 위해『화엄경』「화장세계품」처음 부분을 본다. 그러면 4륜輪과 함께 대연화, 곧 큰 연꽃을 이야기한다.

그리고 위에 말한 세계해 외에 향수해香水海, 향수하香水河, 세계종世界種 같은 생소한 말들도 나온다. 우리말로 풀이하면 향수 바다, 향수 하천, 세계 씨이다. 경전 본문은 뒤에 별도로 첨부하고 이해를 돕기 위해 여기서는 간단히 정리해서 본다.

화장장엄세계해는 다음과 같이 되어 있다.

맨 아래에는 풍륜風輪, 곧 바람 바퀴가 있다. 이 풍륜은 이루 말할 수 없는 단계들로 되어 있는데, 대표적인 것을 예로 들면 10개가 된다. 그 중 제일 아래 있는 것은 평등주平等住이고, 제일 위에 있는 것은 수승위광장殊勝威光藏이다.

다음 풍륜을 거치면 향수해香水海, 곧 향수 바다가 된다. 그리고 이 향수해에는 이루 말할 수 없는 향수하香水河, 곧 향수 하천이 있다.

또 각각의 향수하마다 이루 말할 수 없는 세계종世界種, 곧 세계 씨가 있고, 또 각각의 세계종마다 이루 말할 수 없는 세계가 있다. 그리하여 대연화, 곧 큰 연꽃을 이룬다.(80『화엄경』「화장세계품」, 10책 39쪽)

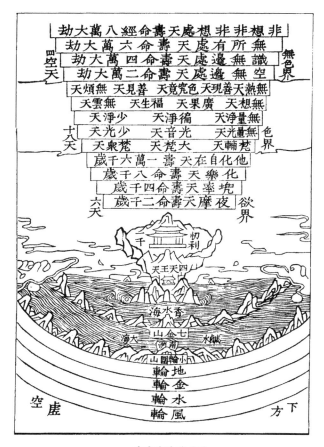

화장장엄세계해

　지금 우리가 살고 있는 우주, 곧 화장장엄세계해는 무수한 단계를 거치면서 변천하는데 여기서는 그 중 바람(風)에서 물(水)로 변천하는 과정을 주로 다룬 것이다. 바퀴가 우주를 뜻함을 상기한 후 전반적인 과정을 설명하면 이렇다.

곧 이 우주는 맨 처음 텅 비었는데(空), 바람(風)과 같은 것이 생겨나, 점점 구체화되어서는 물(水)과 같은 것이 되고, 더욱 구체화되어서는 쇠(金)와 같은 것이 되어 지금의 우주 모습이 되었다고 말이다.

따라서 전 과정에는 무수한 단계가 있다. 빈 것(空), 바람(風), 물(水), 쇠(金)는 이 무수한 단계 중 어느 특정 부분을 대표하는 것에 불과하다.

말할 것도 없이 이는 위에 말한 4륜을 설명한 것이기도 하다. 세계해가 풍륜이고, 향수해가 수륜이며, 대연화와 세계종이 금륜이기 때문이다. 물론 공륜에 대한 이야기는 빠졌다. 화장장엄세계해는 뒤에 다시 설명한다.

4륜四輪과 화장장엄세계해
4륜:　　　　　　풍륜 〉 수륜 〉 금륜
화장장엄세계해: 세계해 〉 향수해 〉 대연화, 세계종

[참고] 화장장엄세계해에 대한 경전 본문

부처의 제자들아, 이 화엄장엄세계해는 수미산의 작은 티끌들 개수(미진수微塵數) 만큼의 바람 바퀴(풍륜風輪)에 의해 받쳐져 있다. 그 가장 아래 바람 바퀴는 '널리 평평하게 머무름'(평등주平等住)이라 이름하는데 능히 그 위의 모든 보배 같고 불꽃같은 장엄한 것

들을 받치고 있다. 다음 위의 바람 바퀴는 '갖가지 보배로운 장엄함을 낳는 것'(출생종종보장엄出生種種寶莊嚴)이라 이름하는데 능히 그 위의 깨끗한 빛이 밝게 비치는 마니왕당(摩尼王幢, 보석 이름??)을 받치고 있다. 다음 위의 바람 바퀴는 '보배의 위엄 있는 덕'(보위덕寶威德)이라 이름하는데 능히 그 위의 모든 보배 방울들을 받치고 있다. 다음 위의 바람 바퀴는 '널리 평평한 불꽃'(평등염平等焰)이라 이름하는데 능히 그 위의 햇빛같이 밝은 모습의 마니(보석) 큰 바퀴(왕륜王輪)를 받치고 있다. 다음 위의 바람 바퀴는 '갖가지 넓은 장엄함'(종종보장엄種種普莊嚴)이라 이름하는데 능히 그 위의 빛깔이 밝고 둥근 화려한 것들을 받치고 있다. 다음 위의 바람 바퀴는 '넓고 맑고 깨끗함'(보청정普淸淨)이라 이름하는데 능히 그 위의 모든 화려한 불꽃같은 사자(짐승 이름) 자리를 받치고 있다. 다음 위의 바람 바퀴는 '소리가 온 세상에 두루 함'(성변시방聲徧十方)이라 이름하는데 능히 그 위의 모든 구슬왕당(珠王幢, 보석 이름?)을 받치고 있다. 다음 위의 바람 바퀴는 '모두 보배 빛 같이 밝음'(일체보광명一切寶光明)이라 이름하는데 능히 그 위의 모든 마니로 된 큰 나무 빛을 받치고 있다. 다음 위의 바람 바퀴는 '빠르게 널리 받침'(속질보지速疾普持)이라 이름하는데 능히 그 위의 모든 향내 나는 마니 같은 수미산 구름을 바치고 있다. 다음 위의 바람 바퀴는 '갖가지 궁전의 돌아다님'(종종궁전유행種種宮殿遊行)이라 이름하는데 능히 그 위의 모든 보배 색깔의 향내 나는 받침대 구름을 받치고 있다.

부처의 제자들아, 저 수미산 작은 티끌들 개수만큼의 바람바퀴 가장 위에 있는 것은 '뛰어나고 위엄 있는 빛이 감춰짐'(수승위광 장殊勝威光藏)이라 이름하는데 능히 빛나는 마니의 장엄한 향수 바다를 받치고 있다. 이 향수 바다에는 큰 연꽃(대연화大蓮華)이 있는데 '갖가지 빛 밝고 꽃향내 나는 깃발'(종종광명예향단種種光明蘂香幢)이라 이름한다. 화엄장엄세계 해는 그 가운데 머물러 있는데 사방이 고루 평평하며 맑고 깨끗하고 굳고 단단하다. 금강석 바퀴 산이 주위를 둘러쌌는데 땅, 바다, 여러 나무들이 각각 구별이 있다.

諸佛子 此華藏莊嚴世界海 有須彌山微塵數風輪所持 其最下風輪 名平等住 能持其上一切寶焰熾然莊嚴 次上風輪 名出生種種寶莊嚴 能持其上淨光照耀摩尼王幢 次上風輪 名寶威德 能持其上一切寶鈴 次上風輪 名平等焰 能持其上日光明相摩尼王輪 次上風輪 名種種普莊嚴 能持其上光明輪華 次上風輪 名普淸淨 能持其上一切華焰師子座 次上風輪 名聲徧十方 能持其上一切珠王幢 次上風輪 名一切寶光明 能持其上一切摩尼王樹華 次上風輪 名速疾普持 能持其上一切香摩尼須彌雲 次上風輪 名種種宮殿遊行 能持其上一切寶色香臺雲

諸佛子 彼須彌山微塵數風輪最在上者 名殊勝威光藏 能持普光摩尼莊嚴香水海 此香水海 有大蓮華 名種種光明蘂香幢 華藏莊嚴世界海 住在其中 四方均平 淸淨堅固 金剛輪山 周帀圍遶 地海衆樹 各有區別.(80『화엄경』「화장세계품」, 대정장 10책 39쪽)

세계종과 세계

위에서 『화엄경』에 향수해, 향수하 등의 말이 나온다고 했으나 불행히도 구체적 설명이 없다. 따라서 자세한 내용은 모른다. 다만 이런 구절이 있다.

4천하 티끌 수만큼의 향수하香水河가 있는데 오른쪽으로 휘감아 돈다.

有四天下微塵數 香水河 右旋圍遶.(80『화엄경』, 대정장 10책 40쪽 하15)

이로 미루어 보면 향수해는 바다와 같이 넓고 보편적인 현상을 말하고, 향수하는 강이나 하천과 같이 구체적 모습을 갖춘 것이라 생각된다. 뒤에 다시 설명한다.

그러나 세계종世界種에 대한 설명은 있다. 그 모습을 이야기하는 것이다. 세계종의 모습이 수없이 많다고 하면서 그 중 20가지를 예로 들고 있다.

곧 수미산 모습, 강 모습, 회전하는 모습, 소용돌이치는 모습, 수레바퀴 모습, 전단향나무 모습, 나무 수풀 모습, 높은 다락집 모습, 산당 모습, 넓게 모난 모습, 태아 모습, 연꽃 모습, 대나무 소쿠리 모습, 중생 모습, 구름 모습, 부처님 모습, 가득 찬 밝은 빛의

세계종

모습, 갖가지 구슬 그물 모습, 여러 문門 모습, 장엄구 모습이 그 것이다.

彼一切世界種 或有作須彌山形 或作江河形 或作廻轉形 或作漩流 形 或作輪輞形 或作壇墠形 或作樹林形 或作樓閣形 或作山幢形 或 作普方形 或作胎藏形 或作蓮華形 或作佉勒迦形 或作衆生身形 或 作雲形 或作諸佛相好形 或作圓滿光明形 或作種種珠網形 或作一 切門闥形 或作諸莊嚴具形.(80『화엄경』, 대정장 10책 42쪽 상8)

또 위에서 본 것처럼 세계종 안에는 수없이 많은 세계가 있다. 『화엄경』은 이의 모습도 이야기한다. 그러면서 수없이 많은 모습 중 18가지를 예로 들고 있다. 그 모습은 대체로 위에 말한 세계종 과 비슷하다. 곧 세계종과 세계의 모습은 비슷하다.

회전하는 모습, 강이나 하천 모습, 소용돌이 모습, 수레바퀴 모습, 벽돌 모습, 나무숲 모습, 누각 모습, 시라당 모습, 보만 모습, 자궁 모습, 연꽃 모습, 구륵가 모습, 갖가지 중생 모습, 불상 모습, 둥근 빛 모습, 구름 모습, 그물 모습, 문 모습.

廻轉形世界 江河形世界 漩流形世界 輪輞形世界 塼墠形世界 樹林 形世界 樓觀形世界 尸羅幢形世界 普方形世界 胎藏形世界 蓮華形 世界 佉勒迦形世界 種種衆生形世界 佛相形世界 圓光形世界 雲形 世界 網形世界 門闥形世界.(80『화엄경』, 대정장 10책 43쪽 하14)

시라당은 보배 옥으로 만든 작은 깃발이고, 보만은 보물의 주위에 치는 장막이며, 구륵가는 용의 이름으로 추정된다.

삼신

한편 불교는 삼신三身, 곧 세 부처(三佛, 三身佛)를 이야기한다. 비로자나불, 노사나불, 석가모니불이 그것이다.

비로자나불毗盧遮那佛은 본체로서 청정법신淸淨法身이라 하고, 노사나불盧舍那佛은 모습으로 원만보신圓滿報身이라 하며, 석가모니불釋迦牟尼佛은 작용으로 백천억화신百千億化身이라 한다. 따라서 비로자나불은 변함이 없으나, 노사나불은 모습을 나타내고, 석가모니불은 수만 수억으로 변함을 알 수 있다.

만약 세 부처를 위에서 이야기한 세계해 등과 대비하면 어떻게 될까? 이렇게도 볼 수 있을 것이다. 곧 비로자나불은 세계해를 주관하고, 노사나불은 향수해나 향수하를 주관하며, 석가모니불은 세계종이나 세계를 주관하신다고 말이다.

『범망경梵網經』에는 이런 구절이 있다.

나는 이제 노사나불로서, 바야흐로 연꽃 받침대에 앉았다. 천 개의 꽃이 위를 둘러쌌으며, 다시 천 석가를 나타냈다. 하나의 꽃이 백억 나라인데, 한 나라가 한 석가이다. 각각 보리수에 앉아서 한꺼번에 부처 도를 이루었다. 이와 같은 천백억이 노사나의 본디

몸이다.

我今盧舍那 方坐蓮花臺 周匝千花上 復現千釋迦 一花百億國 一國
一釋迦 各坐菩提樹 一時成佛道 如是千百億 盧舍那本身

3신三身

체體: 비로자나불毗盧遮那佛	—	청정법신淸淨法身	— 세계해
상相: 노사나불盧舍那佛	—	원만보신圓滿報身	— 향수해
용用: 석가모니불釋迦牟尼佛	—	백천억화신百千億化身	— 세계종

관점의 차이

육안으로 보기와 심안으로 보기

불교와 현대과학의 근본적 차이점은 무엇일까? 바로 관점의 차이다.

불교는 눈을 5가지로 나눈다. 육안, 천안, 혜안, 법안, 불안이 그것인데 흔히 5안五眼이라 한다. 육안肉眼은 우리 몸의 눈이고, 천안天眼은 하늘 눈이며, 혜안慧眼은 슬기 눈이고, 법안法眼은 진리 눈이며, 불안佛眼은 부처 눈이다.

이 중 육안은 말 그대로 육신의 눈이고, 뒤의 4가지는 심안心眼으로 마음의 눈이다. 이는 차례대로 보는 경지가 깊어짐을 나타낸다. 뒤로 갈수록 점점 더 근원적인 것을 본다는 말이다.

우주를 육안으로 보면 어떨까? 당연한 이야기지만 가까운 것은 보이고 먼 것은 보이지 않으며, 큰 것은 보이고 작은 것은 보이지 않는다. 또 보이는 것은 보이고 보이지 않는 것은 보이지 않는다.

예를 들어 하늘을 보면 우리 은하의 별들은 보이지만 멀리 있는 다른 은하의 별들은 보이지 않으며, 가까이 있더라도 큰 것은 보이지만 작은 것은 보이지 않는다. 또 가까이 있더라도 집이나 사람 등은 보이지만 바람이나 공기 등은 보이지 않는다. 그래서 현대과학은 우주에 있는 보이지 않는 물질들을 성간물질星間物質, 암흑물질暗黑物質이라 하며 우주는 이런 물질로 가득 차 있다고 한다.

그런데 심안心眼으로 보면 어떨까? 모든 것이 다 보인다. 멀리 있든 가까이 있든, 크든 작든, 보이는 것이든 안 보이는 것이든 말이다. 전체를 투명하게 꿰뚫어보기 때문이다. 물론 마음으로 관조한다는 말이다.

그렇지만 이렇게 보는 것을 말로 표현하기는 쉽지 않다. 이를 위해 불교는 몇 가지 방법을 동원한다. 곧 투명한 물질에 비유한다. 우주를 보는 것도 마찬가지다.

먼저 빛을 동원한다. 불교에서 말하는 광명光明, 보광寶光, 수승위광殊勝威光 등 갖가지 빛 말이다. 한자로는 광光, 명明, 염焰 등이다. 빛은 당연히 투명하며 꿰뚫어본다.

다음은 바람(風)이나 향수香水를 동원한다. 바람과 향수가 무엇인가? 이는 빛이 좀 더 구체화된 것인데 당연히 비유이다. 무엇인가 있기는 한데 투명한 것을 말한다. 바람과 향수의 이런 성질을 빌려 우주를 표현했다.

다음은 보석寶石을 동원한다. 그래서 유리, 마노, 수정, 영락, 금강석 등 동원할 수 있는 보석은 다 동원한다. 보석이 무엇인가? 무엇인가 있지만 투명하다. 이는 바람이나 향수가 좀 더 구체화 된 것이다. 별이나 은하를 가리킨다고 볼 수도 있다. 곧 별(星)이나 은하銀河를 멀리서 보면 보석처럼 투명하게 보인다는 말이다.

어쨌든 위에 말한 빛, 바람, 향수, 보석 등은 모두 투명한 것으로 꿰뚫어볼 수 있다. 이들 모두 우주를 표현하기 위해 빌려온 말들이다.

이와 같이 불교에서는 우주 전체를 마음의 눈(심안)으로 꿰뚫어 보니 그 모습이 모두 보이고, 심지어 생성하고 소멸하는 과정까지 모두 보인다. 그리고 그 모습이 보석같이 투명하게 보이니 장엄할 수밖에 없다. 우주의 본질과 생성 과정, 그리고 별과 은하들이 마치 빛과 보석이 어우러진 것처럼 장엄하게 보이니 말이다. 따라서 곳곳에서 장엄莊嚴, 화려華麗 등등의 말을 쓴다.

이와 같이 육안으로 보는 것과 심안으로 보는 것의 차이가 불교와 현대과학의 근본적 차이가 된다.

시공간의 차이

이에 따라 몇 가지 부수적 차이점이 생긴다.

첫째, 시공에 대한 견해이다. 불교는 우주를 마음의 눈(心眼)으로 보기 때문에 우주의 끝도 볼 수 있다. 우주의 중심과 끝(중변中邊)을 모두 본다는 말이다.

또 불교는 우주 성주괴공의 전 과정도 본다. 지금 우리가 살고 있는 우주의 성주괴공은 물론 무한히 반복하는 우주 성주괴공의 전 과정 말이다.

이 중 앞의 것은 주로 공간적 개념이고, 뒤의 것은 주로 시간적 개념이다. 사실 이 둘은 함께 나타나기 때문에 구분하기 힘들다. 구태여 말한다면 그렇다는 이야기다.

그리고 이 둘을 합쳐 우주의 시종始終이라 하는데, 불교는 이 시종을 모두 본다는 말이다. 물론 이를 실제로 볼 수 있는 능력이 있는 것과 또 봤다고 하더라도 이를 말로 설명하는 것은 별개의 문제다. 보는 것과 말하는 것은 다르기 때문이다. 어쨌든 여기서는 석가처럼 봤다고 생각하고 이야기한다.

그러나 육신의 눈(肉眼)으로 보면 당연히 우주의 끝은 보지 못한다. 우리 눈에 보이는 부분만 본다. 또 성주괴공의 전 과정도 보지 못한다. 지금 우주의 성주괴공, 그것도 공空을 제외한 일부, 곧 성주괴成住壞만 간신히 본다. 결국 시공의 일부분만 본다는 말이다.

반복적 순환과 지금의 순환

둘째, 우주 순환에 대한 견해이다. 위에서 성주괴공의 무한한 반복적 순환을 이야기했는데 잘 이해가 되지 않는다. 사실 지금의 순환도 잘 이해가 되지 않는다.

그러나 불교는 성주괴공의 무한한 반복적인 순환을 당연시하고 있다. 곳곳에서 이야기하고 있기 때문이다. 다음과 같은 글들이 이를 증명한다.

과거 세계 미진수의 겁劫, 이 수의 두 배가 되는 때에 세계해가 있었으니, 이름을 보문정광명普門淨光明이라 한다.
過世界微塵數劫 復倍是數 有世界海 名普門淨光明.(80『화엄경』대정장 10책 53쪽 하19)

부처는 모든 세계해가 이루어지고 무너지는 것(成壞)을 청정한 지혜로 안다.
諸佛世尊 知一切世界海成壞 淸淨智.(80『화엄경』대정장 10책 34쪽 중15)

위의 글들은 우주가 성주괴공을 무한히 반복하는데, 부처는 이러한 사실을 모두 안다는 것이다. 특히 앞의 인용문은 위에 말한 11가지 세계해 외에 이미 과거 오래 전에 다른 세계해가 있었는데 그 이름까지 밝히고 있다. 이는 이미 오래전에 어떤 순환이 있었다는 이야기다.

그러나 현대과학은 우주의 성주괴공에 대한 확고한 신념이 없다. 무한히 반복되는 성주괴공에 대해서는 더욱더 그렇다. 그런데

가끔 현대과학에도 우주의 순환을 뜻하는 글이 있다.

오래된 우주에서 새로운 우주가 탄생하여 반복 진행한다.(참조: 브라이언 그린 지음, 박병철 역, 『우주의 구조』, 승산출판사, 2005, 442쪽)

이는 우주의 반복적 순환을 뜻하는 것으로 볼 수도 있다.

또 현대과학은 우주 발전 5단계를 제시하기도 한다. 곧 우주가 처음 원시기에서, 별과 은하가 가득한 전성기로, 다음 쇠태기로, 그 다음 블랙홀black hole기로, 또 그 다음 암흑기로 넘어간다는 것이다.(『우주의 구조』, 447쪽)

만약 암흑기를 불교의 공겁空劫으로 생각한다면 이 이론은 불교 성주괴공과 매우 유사하다. 이 점에서는 현대과학도 대단하다고 할 수 있다.

그러나 대체로 말하면 현대과학은 우주의 성주괴공을 일부 인정하면서도 무한하고 반복적 순환은 이해하지 못한다고 할 수 있다. 이에 따라 반복적 순환과 지금의 순환을 혼동하고 있으며, 아울러 갖가지 이론들도 혼동되어 있다고 할 수 있다.

그러면 지금 우리가 살고 있는 우주는 무한한 순환 과정 중 어느 순환기일까? 처음일까, 중간일까, 마지막일까? 단언하기가 쉽지 않다. 그러나 여기서는 일단 마지막 순환기로 추정키로 한다.

또 그렇다면 마지막 순환기 중 어느 단계일까? 곧 성주괴공의 어느 단계일까? 역시 단언하기가 쉽지 않다. 그러나 여기서는 일단 성주成住의 단계, 곧 이루어져서(성) 머무는(주) 단계로 추정키로 한다.

이렇게 보면 현대과학은 지금의 순환기만 간신히 이해하고, 그것도 성주 단계만 간신히 이해하는 단계라 할 수 있다.

▌ 순간과 점진

셋째, 우주 변천에 대한 견해이다. 위에서 4겁, 곧 공겁 → 성겁 → 주겁 → 괴겁의 변천 과정을 이야기했고, 4륜, 곧 공륜 → 풍륜 → 수륜 → 금륜의 변천 과정을 이야기했다. 또「화장세계품」에 나오는 대연화大蓮華의 변천 과정도 이야기했다.

위에 이야기한 것처럼 불교는 대체로 점진적이다. 일순간에 무엇이 급격히 일어나는 것은 잘 상정하지 않는다. 곧 현대과학에서 말하는 빅뱅big bang이나 빅 크런치big crunch 같은 급격하고 극적인 현상은 잘 상정하지 않는다는 말이다.

이는 무엇을 뜻하는가? 불교적 논리로 보면 빅뱅이 우주 전체의 생성을 설명하는 이론이 아닐 수도 있다는 뜻이다. 무한히 반복되는 우주 전체의 생성 이론은 더욱더 아닐 수도 있다는 뜻이다. 어쩌면 지금 우주, 그것도 전체가 아닌 어느 일부분, 아니면 어느 특정한 은하나 별의 생성을 설명하는 이론이 될 수는 있다는 것이다.

현대과학의 말처럼 만약 "빅뱅 이전에 고도의 질서를 가진 우주가 존재했다"(『우주의 구조』, 43쪽)라고 한다면 더욱더 그러하다. 어쨌든 불교는 우주 전체를 설명하는 데 급진적 견해보다는 점진적 견해를 쓴다. 그런데 현대과학에도 이런 점진적 견해가 있다.

우리가 보는 우주는 혼돈 상태의 원시 우주에서 우연히 일어난 요동搖動에서 탄생했다.(참조: 『우주의 구조』, 442쪽)

여기서 우연, 요동을 단순한 움직임이나 상전이相轉移 등으로 보면 이는 점진적 견해가 된다. 이렇게 보면 둘은 서로 통한다.

창세기

불교뿐만 아니라 동양의 다른 철학들도 대부분 점진적 이론이다. 성리학性理學의 이기론理氣論이나 음양오행설陰陽五行說, 나아가 성경에 나오는 창세기創世記의 기록이 그렇다.

이기론理氣論은 이理 → 기氣 → 질質로 발전한다는 것이며, 음양오행설陰陽五行說은 무극無極 → 태극太極 → 음양陰陽 → 오행五行으로 발전한다는 것이다. 이들 모두 점진적으로 구체화됨을 나타내는 개념들이다. 곧 무無나 공空에서 에너지 단계를 거쳐 물질로 변화하는 과정을 나타내는 말들이다.

구약의 창세기 기록도 마찬가지다. 점진적이라 할 수 있다. 앞부분만 본다.

땅은 혼돈混沌되고 공허空虛했다. 모든 것을 뒤덮은, 맹렬한 바다가, 큰 어둠 속에 빨려 들어갔다. the earth was formless and desolate. The raging ocean that covered everything was engulfed in total darkness.

여기서 "땅"은 우주를 뜻한다고 할 수 있다. 곧 우주가 처음에 혼돈되고 텅 비었다는 말이다. 이는 불교의 공륜空輪에 비교된다. 다음 "모든 것을 뒤덮었다"는 말은 풍륜風輪에 비교될 수 있고, "맹렬한 바다"는 수륜水輪에 비교될 수 있으며, "큰 어둠"은 금륜金輪에 비교될 수 있다.

물론 다소 무리가 가는 해석일 수도 있지만, 어쨌든 불교의 성주괴공을 함축한 느낌이 든다는 말이다.

그러나 이렇게 해석하지 않고 단시간 내의 변천을 강조하는 것은 하나님의 창조를 강조하기 위해서라 생각된다. 곧 전지전능함을 강조하기 위해서 기간을 무리하게 단축시켰다는 것이다. 기간을 길게 하면 창조의 의미가 없어지며 전지전능全知全能함에 문제가 생기기 때문이다. 어쨌든 창세기의 내용도 점진적이라 봐야 할 것이다.

우주의 생성

① 불교의 견해

공空

이상과 같은 개략적 견해를 가지고 불교와 현대과학의 우주론을 비교해 보기로 한다. 가능한 공성주괴空成住壞에 맞춘다. 곧 공空을 앞세운다.

불교에서 말하듯, 우주가 만약 성주괴공을 반복한다면 맨 처음은 어떻게 시작되었을까? 곧 공성주괴에서 공은 어떻게 시작되었을까?

불행히도 불교는 이에 대한 설명이 없다. 부처는 우주의 처음과 끝을 안다(佛知始終)고 했으면서도 정작 설명은 하지 않고 교묘히 피했다(?). 그리고는 본디부터 우주가 존재한다는 데서 출발한다.

그러면 불교에서 말하는 공은 무엇일까? 텅 비었다는 뜻 같은데 이게 무슨 뜻일까? 무엇인가 있다는 뜻인가, 아무 것도 없다는 뜻인가? 이 두 가지가 모두 쓰인다.

먼저 무엇인가 있다(有)는 뜻이다. 아무것도 없으면 없다(無)이기 때문이다. 우리가 인지하지는 못하지만 무엇인가 있다. 물론 그것도 뒤에 말하듯 헛것이지만 말이다. 『대승기신론』은 말한다.

진실로 빈 것은 결국 진실을 나타내기 때문이다.
如實空以能究竟顯實故

곧 공에는 진실이 있어 이것이 나타난다는 것이다. 이 진실이 무엇인지는 잘 모르지만 말이다. 물론 물질적 개념이 아닌 정신적 개념이라 생각된다. 그런데 현대과학에도 이런 견해가 있다.

텅 빈 공간이라 해도 거기에는 영혼이 존재한다.(참조:『우주의 구조』, 63쪽, Henry More의 말)
우리가 사는 공간은 눈에 보이는 물질과 함께 영적인 물질도 함께 포함하고 있다.(참조:『우주의 구조』, 63쪽, 뉴턴의 말)
공간은 눈에 보이지 않는 무언가로 가득 차 있을 수 있다.(참조:『우주의 구조』, 130쪽)

이와 같은 말들은 공간이 말 그대로 텅 빈 것이 아니라 무엇이 있다는 말이다.

없는 공과 있는 공

그러나 이것만으로는 부족하다. 만약 성주괴공을 최초의 성주괴공과 그 이후의 성주괴공으로 나눈다면, 그 이후의 공에는 진리나 그 무엇이 가득 차 있을 수도 있기 때문이다. 무한히 반복하는 과정에서 그럴 수도 있다는 생각이 드는 것이다.

그러나 최초의 공에 무엇이 가득 차 있다는 것은 쉽게 이해가 되지 않는다. 이에 원효대사는 이렇게 말한다.

> 이치는 실제 빈 것도 비지 않은 것도 아니다. 단지 있다(有)는 것을 깨기 위해 억지로 비었다(空)고 말하는 것뿐이다. 비었다는 말에 빈 성질(空性)이 있는 것이 아니다.
> 理實非空不空 但爲破有 强說爲空 非空言下存空性也.(『금강삼매경론』)

이때의 공은 그야말로 아무것도 없다는 것으로 해석된다. 무無와 통할 수도 있다. 곧 성주괴공에서 최초의 공에는 아무것도 없다고 볼 수 있다.

그래서 불교에서는 이때의 공을 천지미생이전天地未生以前, 부모

미생이전父母未生以前, 공겁이전空劫以前, 공왕이전空王以前, 본래면목本來面目 등으로 표현한다.

모두 같은 뜻으로 천지가 생기기 이전이란 말이다. 그러면서 더 이상 분명한 해석은 하지 않는다. 적어도 우리 같은 일반인이 보기에는 속 시원한 대답이 못된다. 물론 말로 표현할 수 없다는 뜻일 게다.

어쨌든, 불교는 이와 같이 공을 아무 것도 없는 공과 무엇인가 있는 공으로 나눈다. 그렇다면 최초 성주괴공의 공은 아무 것도 없는 공에 속하고, 그 이후 성주괴공의 공은 무엇인가 있는 공에 속할 것이다.

공과 무

그러면 공空의 특징은 무엇인가? 이것도 위에서 말한 것처럼 아무것도 없는 공, 곧 완벽한 공과 그렇지 못한 공으로 나눠볼 수 있다. 이때 완벽한 공에는 시공의 개념이 없고, 그렇지 못한 공에는 시공의 개념이 있다.

먼저 완벽한 공에는 공간 개념이 없다. 이쪽이다 저쪽이다, 멀다 가깝다 하는 개념이 없다. 모두 비었기 때문이다. 또 시간 개념이 없다. 시간이란 움직임이나 변화를 나타내는 말인데, 이것이 없으면 시간은 없다. 역시 비었기 때문이다. 이와 같이 완벽한 공에는 시공의 개념이 없다.

그러나 무엇인가 있는 공, 곧 불완전한 공에는 시공의 개념이 있다. 곧 공간 개념과 시간 개념이 있다. 말 그대로 무엇인가 있기 때문이다.

그리고 여기의 공은 단계마다 성질이 다를 수도 있다. 예를 들어 위로 올라갈수록 공간의 범위가 넓어지고 시간의 속도가 느려지는 것 등 말이다. 아래로 내려가면 그 반대가 될 것이다.

이때 이것을 성질에 따라 세분한 것이 뒤에 말하는 불교 26천天의 개념이 아닌가 한다. 그래서 도솔천의 수명은 56억 년이 되나 인간의 수명은 100년이 못 될 수도 있다.

그러면 무無란 무엇인가? 선뜻 이해가 되지 않는다. 아무것도 없다는 뜻 같은데 이것이 무슨 뜻인지 이해가 되지 않는다. 물론 공보다는 더 근원적이라 생각된다. 그러나 위에서 말했듯이 공 이전은 잘 모른다. 따라서 이보다 앞서는 무에 대해서는 더욱 더 알 수가 없다.

불교에서는 유有에 대립하는 개념으로 공空을 많이 쓴다. 무無를 잘 쓰지 않는다. 이는 무엇인가 있다는 데서 출발하기 때문이다. 무는 우리의 사고를 벗어난다.

가짜 진공과 진짜 진공

현대과학은 진공眞空이란 말을 쓴다. 진짜 비었다는 뜻으로 불교의 공과 비슷하다. 그런데 현대과학도 진공을 둘로 나눈다. 진짜 진공과 가짜 진공이 그것이다. 진짜 진공(true vacuum)은 무엇인가 있는 진공이고, 가짜 진공(false vacuum)은 아무것도 없는 진공이다.

곧 빅뱅이 일어나던 순간에는 최저 에너지도 갖지 않은 진공상태여서 완벽한 균형(대칭)을 이루었는데, 빅뱅 후 최저 에너지를 갖는 진공상태로 전환되면서 균형(대칭)이 붕괴되고 우주가 시작되었다는 것이다.

이때 앞의 것, 곧 균형을 이룬 상태를 가짜 진공이라 하고, 뒤의 것, 곧 균형이 붕괴된 상태를 진짜 진공이라 한다. 가짜 진공은 다분히 불안정한 상태여서 시간이 지남에 따라 최저 에너지를 갖는 진짜 진공 상태로 자연스레 전환된다는 것이다.

위에서 말한 가짜 진공, 진짜 진공이란 말을 바꾸어 썼으면 하는 생각도 든다. 가짜 진공이 무엇인가 있는 진공이고, 진짜 진공이 아무것도 없는 진공으로 말이다. 그러나 그렇게 쓰지 않고 반대로 쓰니 그대로 따를 수밖에 없다.

어쨌든 현대과학은 우주가 진짜 진공에서 시작되었다고 한다. 곧 무엇인가 있는 진공에서 시작되었다는 것이다. 이렇게 보면 가짜 진공은 불교에서 말하는 아무것도 없는 공에 가깝고, 진짜 진공은 무엇인가 있는 공에 가깝다.

그러나 현대과학은 공을 더 이상 나누지 않는다. 어쩌면 나누지 못할 수도 있다. 불교 26천天처럼 말이다. 물질을 다루는 당연한 결과라 하겠다.

성주괴공의 공과 수행의 공

그러면 성주괴공의 공과 불교에서 수행을 통해 들어가는 공이 같은 것인가, 다른 것인가? 확언할 수가 없다. 모두 실증해 보지 못했기 때문이다.

성주괴공의 공도 아직까지 객관적으로 실증되지 않았고, 수행해서 들어가는 공도 적어도 필자는 실증해 보지 못했다. 따라서 뭐라고 단언할 수가 없다. 그러나 이 둘은 같을 수도 있고 다를 수도 있다.

먼저 성주괴공의 공을 무엇인가 있는 공 또는 현대과학에서 말하는 진짜 진공으로 보고, 수행도 초기 단계로 보는 것이다. 그렇다면 이는 같을 수도 있다. 이때는 불교의 공과 현대과학의 공이 같다.

만약 그렇다면 불교가 추상적 논리가 아니라 과학적 논리라는 이야기며 또한 불교의 공이 과학적으로 증명될 수도 있다는 이야기니, 이는 연구실에서 깨침이 이루어질 수도 있다는 이야기가 된다. 물론 초보 단계지만 말이다.

그러나 성주괴공의 공을 아무것도 없는 공 또는 현대과학에서 말하는 가짜 진공으로 보면 이는 과학으로는 도달할 수가 없다. 실증될 수 없기 때문이다. 오직 수행으로만 도달할 수 있다. 이때는 불교와 현대과학이 나눠진다. 물론 불교의 공은 이를 말할 것이다.

12연기

위에서 공은 잘 모른다고 했다. 그렇다면 최초의 물질은 아는가? 역시 불교에서는 명확한 설명이 없다. 단지 공에서 점진적으로 변천한다는 것만 이야기할 뿐, 공에서 어떻게 해서 물질이 생겼는가에 대한 설명이 없다.

그러면 생명체에 대한 설명이 있는가? 역시 명확한 설명이 없다. 12연기十二緣起가 있지마는 명확한 설명은 아니다.

12연기가 무엇인가? 12인연十二因緣, 12지十二支라고도 하는데 12가지가 연이어 일어나는 것을 말한다. 곧 무명 → 행 → 식 → 명색 → 육입 → 촉 → 수 → 애 → 취 → 유 → 생 → 노사가 그것이다.

우리말로는 밝지 못한 것(無明), 움직임(行), 가리새(識), 이름과 물질(名色), 여섯 기관(六入), 닿음(觸), 느낌(受), 좋아함(愛), 달라붙음(取), 있음(有), 살아감(生), 늙어 죽음(老死)이다.

이는 우리 인간이 태어나서 죽는 과정을 나타낸 말로 생각된다. 이를 가지고 생명체의 처음을 살펴본다는 것이다. 물질의 처음도 함께 생각하면서 말이다.

여기서 중요한 것은 앞의 다섯 가지, 곧 밝지 못한 것(無明), 움직임(行), 가리새(識), 이름과 물질(名色), 그리고 여섯 기관(六入)이다. 이 중 앞의 셋은 마음 작용이고, 뒤의 둘은 마음과 물질이 융합되는 과정이다. 그 이후는 우리가 태어나서 살아가는 과정이고.

이 중 맨 처음의 무명無明이 시작점이 된다. 뜻은 밝지 못한 것,

밝힐 수 없는 것이다. 알 수 없는 것, 알지 못하는 것, 무지無知, 무식無識으로도 푼다. 무엇인가 있기는 한데 알 수가 없다는 뜻이다.

시작점을 잘 알지 못하니 그 다음 것들도 분명히 알 수가 없다. 처음 무엇인가 일어나서, 인식작용이 생겨서는, 물질과 결합하여, 여섯 가지 감각작용을 일으킨다는 것이 전부다.

여섯 가지 감각작용이란 안이비설신의眼耳鼻舌身意인데, 이때는 이미 마음과 물질이 결합된 상태이다. 따라서 언제 물질이 생겨서, 언제 어떻게 결합됐는지 등에 대해서는 설명이 없다. 곧 불교에서 생명체에 대한 설명을 기대하기 어렵다는 말이다. 따라서 여기서도 맨 처음인 무명에 대해서만 생각해 보기로 한다.

무명과 진여

무명無明은 원래 진여眞如에 대응하는 말이다. 진여는 있는 그대로라는 뜻인데, 조금도 꾸밈이 없는 본연의 모습이다.

그런데 이 진여에서 무명이 생긴다. 그리고는 계속해서 진여에 영향을 미친다. 점점 더 영향을 미쳐서 심해지면 나중에는 무명만 보이고 진여는 보이지 않는다. 이 무명에 파묻혀 보이지 않는 진여를 찾는 것이 불교 수행이다.

그러면 무명은 어떻게 해서 생겼을까? 잘 알 수가 없다. 뒤에 보는 무시무명無始無明이 특히 그러하다. 따라서 이 무명은 어찌 보면 기독교의 원죄原罪 개념과 비슷하다. 인간이 본디부터 가지고 있는

죄가 원죄이기 때문이다.

그러나 무명은 끝이 있다. 진여에서 생겨났기 때문이다. 원효는
말한다.

물듦이 배어드는 것은 진리에 어긋나서 일어났기 때문에 다 없어
짐이 있다. 깨끗한 법이 배어드는 것은 진리에 맞게 생겨나서 진
리와 더불어 서로 응하기 때문에 다 없어짐이 없다.
染法之熏 違理而起 與理乖離 故有滅盡 淨法之熏 順理而生 與理相
應 故無滅盡.(『대승기신론소별기』)

여기서 물듦이 배어드는 것이란 무명을 말한다. 이는 진여에 어
긋났기 때문에 끝이 있다는 말이다. 수행을 통해 무명을 다 없앨 수
있다는 말이기도 하다. 물론 진여에는 끝이 없다. 본연의 자세이기
때문이다.

무명의 뜻

무명無明을 잘 알 수 없기 때문에 두 번째인 움직임(行)을 보
기로 한다. 여기의 움직임(行)이란 흔히 말하는 행동이나 동작이
아니다. 마음속에 일어나는 미세한 움직임을 말한다.

이는 우리의 인식認識 작용 이전의 상태로 불교에서 말하는 윤회
輪廻의 근본이 된다. 따라서 보통사람은 전혀 인식하지 못한다. 그

다음이 인식 작용인 가리새(識)이기 때문이다.

그런데 무명은 이 움직임(行)에 앞선다. 따라서 보통사람은 더더욱 인식할 수가 없다. 부처나 고도의 수행을 한 사람만이 인식할 수 있다. 이것을 깨야만 부처가 되기 때문이다. 이와 같이 어렵기 때문에 무명을 밝힐 수 없는 것, 알 수 없는 것, 무지無知 등으로 부른다.

이제 이 무명을 사람뿐만 아니라 물질에까지 확장시켜 본다. 사실 석가와 당시의 제자들은 무명을 사람과 물질에 공통적으로, 곧 우주 전반의 공통적 개념으로 사용했다고 할 수 있다. 그들은 인간과 우주를 함께 사색했기 때문이다.

그러면 무명의 뜻은 최초로 일어나게 하는 것, 맨 처음 시작을 일으키는 것 등이 된다. 곧 우주의 출발점이 된다는 말이다.

그러면 이 뜻이 무엇일까? 한마디로 대답할 수가 없다. 공空에서 최초로 움직임이 일어나게 하는 것이 무명이고, 물질이 최초로 생기게 하는 것이 무명이고, 마음이 최초로 일어나게 하는 것이 무명인데 그것을 알 수가 없다는 것이다. 이것만 알면 우주의 생성과 인간의 윤회 등 거의 모든 것이 풀리는데 말이다.

이에 따라 예로부터 불교의 선지식善知識들은 이 무명을 규명하고자 나름대로 최대한의 노력을 기울였다. 그리고는 그것을 없앴다. 그러나 불행히도 누구도 이를 정확히 표현하지는 못했다.

경전을 풀이할 수 있는 데까지 풀이한 신라 원효대사도 이 무명에 대해서만은 언급을 회피했다. 다음과 같은 말로서 말이다.

무명의 움직이는 모습은 아주 깊고 은밀해서 오직 부처만이 알
수 있다.

無明行相 甚深微密唯佛所窮.(원효,『이장의二障義』)

원효도 설명하지 않고 피했으니, 나머지 사람들은 볼 것이 없을
것이다.

> **가리새**
> ①12연기는 無明 〉 行 〉 識의 순서임.
> ②가리새는 일의 조리나 갈피인데, 여기서는 분별하는 성질이나
> 모습으로 썼음.

무명의 속성

그러면 무명의 속성屬性은 무엇일까? 무명이 무엇인지는 모
르지만 그 속성은 다소 생각해볼 수 있다. 곧 대립성이다. 서로 맞
서는 성질이란 말이다. 상응성, 상대성이라 할 수도 있다. 『구사론
俱舍論』「분별세품分別世品」에서는 말한다.

명(밝은 것)에 대치되는 것을 무명(밝지 못한 것)이라 한다. 마치
친하지 않은 것, 진실이 아닌 것 등과 같다. 明所治無明 如非親實
等.(참조: 권오민 역,『아미달마구사론』2, 동국역경원, 2002, 456쪽)

여기서 친하지 않은 것, 진실이 아닌 것이란 당연히 친한 것, 진실인 것에 대치되는 말이다. 곧 대립성을 말한다.

이 대립성은 철학적으로는 음양陰陽과 같은 것이고, 종교적으로는 선악善惡, 신과 악마와 같은 것이며, 과학적으로는 양자와 전자, 물질과 반反물질 같은 것이다.

어쨌든 이 대립적 성질이 무명의 기본 성질이며, 이것 때문에 공空이 움직이기 시작한다고 볼 수 있다.

그러면 이 대립적 성질은 왜 생겼을까? 이 이유는 알 수가 없다. 불교에서는 업業을 이야기한다. 그러나 사실 이 업도 지난 세상에서 쌓은 것이기 때문에 맨 처음을 설명하지는 못 한다. 그 이후에 대한 설명일 뿐이다.

따라서 불교에서 말하는 무명도 뒤에 말하는 근본무명을 이야기하는 것이지, 무시무명을 이야기하는 것이 아니다. 결국 불교도 맨 처음의 생성원인은 설명하지 못하니, 이 점에서는 현대과학과 같다고 할 수 있다.

무명의 분류

불교는 무명無明을 둘로 나눈다. 무시무명無始無明과 근본무명根本無明이 그것이다. 그리고 대부분 이 말을 마음에 국한한다. 또 대부분 이 말을 같은 뜻으로 쓴다.

물론 그럴 수도 있다고 생각한다. 그렇지만 여기서는 둘을 구분하며 아울러 우주(물질)까지 확장한다. 다음과 같이 말이다.

곧 무시무명은 처음이 없는 무명이니 최초 성주괴공에 나타나는 무명을 말하고, 근본무명은 바탕이 되는 무명이니 그 이후 성주괴공에 나타나는 무명을 말한다고 말이다.

그리고 이들은 달리 불공무명不共無明, 상응무명相應無明이라고 한다. 불공무명은 함께하지 않는 무명이니 앞에 말한 무시무명을 말하고, 상응무명은 서로 응하는 무명이니 뒤에 말한 근본무명을 말한다고 말이다.

따라서 만약 성주괴공을 최초의 성주괴공과 그 이후의 성주괴공으로 나눈다면, 무시무명은 최초의 성주괴공에 대당되고, 근본무명은 그 이후의 성주괴공에 해당된다. 이때 무시무명에 대해서는 불교도 전혀 설명하지 못한다는 말이다.

만약 위에 말한 빅뱅을 무명에 대응시킨다면 어느 것이 될까? 당연히 근본무명에 해당된다고 볼 수 있다. 곧 최초 성주괴공이 아닌, 그 이후 성주괴공을 설명하는 것이란 말이다. 현대과학도 최초의 성주괴공은 설명하지 못한다.

② 현대과학의 견해

정상우주론

위에서 이야기했듯이 현대과학은 우주의 출발을 빅뱅으로 본다. 그러나 불교와 마찬가지로 현대과학도 우주가 본디부터 있었다는 데서 출발하는 견해가 있다.

우주는 시작도 없이 영원히 존재하며, 계속되는 팽창과 함께 새
로운 물질들을 꾸준히 만들어내면서 균일한 밀도를 유지하고 있
다.(참조:『우주의 구조』)
모든 사건들은 시간과 장소에 상관없이 그냥 거기에 존재하며 한
꺼번에 존재한다. 이들은 시공간의 한 점을 점유한 채 영원히 그
곳에 있을 것이다.(참조:『우주의 구조』, 214쪽)

이 중 앞의 것을 정상우주론正常宇宙論 또는 정상상태이론(steady
state theory)이라 한다. 내용은 우주가 처음부터 존재했다는 것이
다. 이 점에서는 불교의 본디부터 있다는 견해와 서로 통한다.

빅뱅

그러나 대체로 현대과학
은 우주의 생성을 빅뱅big bang
으로 본다. 곧 우주가 처음 어떤
대폭발에서 시작됐다고 본다.

처음에 아주 작은 어떤 물체가 있었는데, 이것이 폭발하여 일순간
에 우주 전역에 퍼졌다는 것이다. 그리하여 우주가 생성되었다는
것이다.

이 빅뱅 이론은 현대과학이 알아낸 이론 중 가장 중요한 이론 중의 하나다. 아직까지 이를 능가하는 이론이 없다. 그렇다면 모두들 이 이론에 만족하는가? 그렇지가 않다. 몇 가지 의문점이 있기 때문이다.

첫째, 처음에 아주 작은 물체가 폭발했다면 이 물체는 어떻게 해서 생겼을까? 또는 어디서 왔을까? 이해가 되지 않는다. 더욱이 이 물체의 크기가 마침표 정도(『우주의 구조』, 351쪽)나 정구공 정도라면 이 크기에서 과연 거대한 우주가 만들어질 수 있을까? 역시 이해가 되지 않는다.

둘째, 만약 아주 작게 뭉쳐졌다면 이렇게 응축시킨 힘과 그것을 폭발시킨 힘은 무엇이며, 또 그 힘은 어떻게 해서 생겨났는가? 또는 어디서 왔는가? 역시 이해가 되지 않는다.

그러나 빅뱅이 다소 이해되는 경우가 있다. 곧 다음과 같이 생각하는 경우이다. 빅뱅을 최초 성주괴공이 아닌, 그 이후 성주괴공의 현상으로 보는 것이다.

기존의 성주괴공에서 공空에 이르렀다가 다시 성成으로 가는 단계라면, 기존의 공에 무엇인가가 이미 있어서, 거기서 무엇인가 생겨날 수도 있다고 생각되기 때문이다. 사실 어쩌면 빅뱅은 이를 염두에 둔 이론인지도 모른다.

문제는 이렇게 생각하지 않고 최초의 성주괴공을 생각하는 경우이다. 곧 최초의 공空을 상정하는 경우이다. 이때는 빅뱅으로는 전혀 설명이 되지 않는다.

또 위에서 말했듯이 어쩌면 빅뱅은 그 이후 성주괴공 중에서도 우주의 전체적 현상을 설명하는 것이 아니라 어느 특정한 부분, 우주나 은하 또는 별의 생성을 설명하는 이론이 될 수도 있다는 것이다. 현대과학이 우주 전체를 보지 못하기 때문이다.

이는 빅뱅이 우주의 보편적인 이론이 못 될 수도 있다는 이야기니, 이 외에도 다른 이론들이 얼마든지 있을 수 있다는 이야기가 된다. 결국 지금으로서는 현대과학도 우주의 맨 처음을 명쾌하게 설명하지 못한다.

인플레이션 이론

우주 생성을 설명하는 또 다른 이론이 인플레이션Inflation 이론이다. 이는 팽창한다는 뜻인데, 여기서 말하는 팽창은 우주 탄생 초기, 곧 빅뱅 직후의 급격한 팽창을 말한다. 우주가 지속적으로 팽창한다는 우주 팽창론과는 다르다.

그래서 앞의 것을 영어 인플레이션이라 하고, 뒤의 것을 한자 팽창膨脹이라 하여 단지 말로서 구분한다.

인플레이션 이론에서는 빅뱅 직후, 곧 빅뱅이 있은 후 100만×1조×1조 분의 1초 사이에, 100만×1조×1조 배倍 이상 우주가 커졌다고 한다. 그래서 위에서 말한 빅뱅과 여기서 말하는 인플레이션이 결합돼 현재 우주가 만들어졌다고 한다.

숫자가 너무 엄청나 감이 잘 잡히지 않지만, 순간적인 폭발과 급격한 팽창이 거의 동시에 이루어져 우주가 만들어졌다는 뜻으로 이해된다. 물론 이는 불교와 점진적 견해와 사뭇 다르다.

대칭성 붕괴

그러면 빅뱅 이전은 어떤가? 이를 설명하는데 대칭성(對稱性, symmetry) 이론이 있다. 대칭이란 균형을 이루는 두 물체가 마주 서는 것을 말하는데, 예를 들면 거울에 물건이 비치는 것과 같다.

우주가 운영되는 법칙의 저변에는 대칭성이 깔려 있다.(참조: 『우주의 구조』, 315쪽)

곧 우주가 빅뱅 이전에 힘과 물질로 완벽한 대칭성을 이루고 있었는데, 이 대칭성이 붕괴(symmetry breaking)되면서 우주가 팽창하고 온도가 변하여 힘도 강력強力, 약력弱力 등으로 나눠졌다는 것이다. 또 이렇게도 말한다.

우주 자체도 상전이相轉移를 일으킬 수 있다.(참조: 『우주의 구조』, 359쪽)

상전이(phase transition)란 물질이 조건에 따라 형질이 바뀌는 것을 말한다. 이는 곧 우주가 때로는 다른 형질로 바뀔 수도 있다는 말이다.

또 뒤에서 보는 것처럼 현대과학은 물질(matter)과 반물질(anti matter)을 이야기한다. 이는 전혀 상반되는 두 물질이 동시에 존재하다가 어느 하나로 통일됨을 뜻한다.

이들 이론들은 불교 이론과 통한다고 할 수 있다. 대칭성이 붕괴되었다는 것은 원래 진여眞如뿐이었는데 여기서 무명無明이 나타나 우주가 시작되었다는 것이다. 반물질과 물질 역시 진여와 무명으로 보아 우주 물질이 시작되었다는 것으로, 상전이는 우주 성주괴공이 변천하는 것으로 말이다.

특히 상전이는 의미가 깊다. 우주가 전반적이고 점진적으로 변천함을 뜻할 수도 있기 때문이다. 그러면 말 그대로 불교의 성주괴공이 된다.

그러나 완벽하던 대칭성이 붕괴된 원인은 밝히지 못하고 있다. 마치 불교에서 우주의 무명無明을 밝히지 못하는 것과 같다. 또 대칭성 이전은 설명하지 못한다. 역시 불교에서 왜 우주가 본디부터 있었는가를 설명하지 못하는(?) 것과 같다.

5

우주의 모습

① 연화

연화와 연화장

　현대과학은 우주의 전체적 모습을 보지 못해 전체적 모습에 대한 견해가 없다. 육안으로 보는 당연한 결과이다.

　그러나 불교는 우주의 전체적 모습을 본다. 심안心眼으로 보기 때문이다. 하지만 여기서 말하는 전체적 모습도 정말로 우주의 전체적 모습을 말하는 것인지, 아니면 지금 우리가 살고 있는 화장장엄세계해華藏莊嚴世界海의 모습을 말하는 것인지는 분명치가 않다. 단지 이를 우주 전체의 모습으로 유추하는 것뿐이다. 잘 모르기 때문이다.

　그러면 그 모습은 어떨까? 위에서 말한 것처럼 연꽃이다. 그것도 화려한 연꽃이다. 왜냐? 아주 먼 곳에서 보석처럼 투명하게 꿰뚫어 보기 때문이다.

이제 이를 현대과학에서 말하는 3,000억 개 은하와 대비해 본다. 그러면 3,000억 개 은하의 전체 모습이 연꽃인데 그것이 마치 보석처럼 반짝인다는 것이다. 이를 연꽃, 한문으로는 연화蓮華·대연화 大蓮華라 한다.

그러나 이것은 현재 모습이다. 겉모습이라 할 수도 있다. 그 형성 과정 또는 변천 과정은 보지 않은 것이다. 불교는 수행이 깊어지면 그 형성 과정도 함께 본다. 곧 우주의 과거·현재·미래를 모두 꿰뚫어본다. 우주 성주괴공을 모두 꿰뚫어본다는 말이다.

그러면 그 모습은 어떨까? 연꽃이 겹쳐진, 중첩된 모습이 된다. 옅은 연꽃에서 짙은 연꽃까지 말이다. 옅은 연꽃은 우주 초기를 말하고 짙은 연꽃은 다 이루어진 우주를 말하니, 곧 우주의 형성 과정이 차곡차곡 겹쳐져 보인다는 말이다.

공겁空劫 → 성겁成劫 → 주겁住劫 → 괴겁壞劫이 겹쳐져 보인다고 해도 되고, 공륜空輪 → 풍륜風輪 → 수륜水輪 → 금륜金輪이 겹쳐져 보인다고 해도 된다.

만약 이 연꽃들이 겹겹이 겹쳐져 보석처럼 투명하게 보인다면 어떨까? 정말로 찬란할 것이다. 옅고 둥근 보석 덩어리에서 짙고 둥근 보석 덩어리까지 겹쳐져서 투명하게 보이니까 말이다. 이를 화엄장엄세계華嚴莊嚴世界·화장세계華藏世界·연화장세계蓮華藏世界

라 한다. 연꽃 같이 장엄한 세계가 숨겨진 세계란 뜻이다.

여기서 장藏은 숨겨져서 보통 사람의 눈에는 보이지 않는다는 뜻이다. 부처나 깨친 사람만이 본다는 말이다. 이는 당연이 현대과학에서 말하는 숨겨진 우주, 말려진 우주, 구겨진 우주, 뒤틀린 우주, 나아가 숨겨진 차원, 여분의 차원 등의 개념이다.

실은 우리가 살고 있는 우주가 이렇다는 것이다. 그런데 대부분의 사람들은 모른다는 것이다. 어쩌면 알 수 있는 능력이 없을 수도 있다. 더욱이 겹쳐진 우주를 분별할 능력은 더욱 없다고 할 수 있다.

그래서 겉보기 우주와 겹쳐진 우주, 곧 연화와 연화장을 구분하지 않고 혼용해서 쓰는 것이다. 물론 겉보기 우주를 관조할 수 있는 사람은 그 형성 과정도 관조할 수 있을 것이다. 그래서 구분하지 않을 수도 있다. 어쨌든 연화라 했을 때는 겉보기 우주를 뜻하고, 연화장이라 했을 때는 그 형성 과정을 포함하는 개념으로 보기로 한다.

한자 花(화)와 華(화)는 같은 뜻으로 쓰이나 花는 겉보기 우주를, 華는 겹쳐진 우주를 뜻할 수도 있다. 花는 그냥 꽃이나, 華는 화려한 꽃이기 때문이다.

화장장엄세계해의 겉모습

이제 위에 말한 화장장엄세계해의 겉모습을 다시 본다. 곧 현재 우주의 겉모습을 다시 본다. 연화를 다시 본다고도 할 수 있다.

『화엄경』「화장세계품華藏世界品」에는 화장장엄세계해 안에 수많은 향수해香水海와 세계종世界種이 있다고 하면서 그 중 101개의 이름을 들고 있다. 예를 들면 이런 식이다.

가운데는 무변묘화광이란 향수해가 있는데,
여기에는 보조시방치연보광명이라는 세계종이 있다.
(80『화엄경』, 대정장 10책 42쪽 중26)

곧 향수해와 세계종을 쌍으로 들고 있다. 이 관념을 가지고 우주의 모습을 다시 본다. 그러면 가운데 있는 무변묘화광 향수해를 중

普照十方熾然寶光明世界種

世界名妙宝焰　　　　　　　　　　　　　　　　佛号福德相光明
世界名清净光普照　　　　　　　　　　　　　　佛号普照法界虚空光
世界名离尘　　　　　　　　　　　　　　　　　佛号无量方便最胜幢
世界名宝庄严幢　　　　　　　　　　　　　　　佛号无碍智光明遍照十方
世界名清净光遍照　　　　　　　　　　　　　　佛号清净日功德照
世界名众妙光明灯　　　　　　　　　　　　　　佛号不可摧伏力普照幢
世界名寂静离尘光　　　　　　　　　　　　　　佛即是毗卢遮那如来世尊
我们的世界名饕餮　　　　　　　　　　　　　　佛号遍法界胜音
世界名明妙耀　　　　　　　　　　　　　　　　佛号超释梵
世界名恒出现帝青宝光明　　　　　　　　　　　佛号无量功德法
世界名金刚幢　　　　　　　　　　　　　　　　佛号一切法海最胜王
世界名出妙音声　　　　　　　　　　　　　　　佛号清净月光明相无能摧伏
世界名出生威力地　　　　　　　　　　　　　　佛号广大名称智海幢
世界名众华焰庄严　　　　　　　　　　　　　　佛号欢喜海功德名称自在光
世界名净妙光明　　　　　　　　　　　　　　　佛号普光自在幢
世界名普放妙华光　　　　　　　　　　　　　　佛号香光喜力海
世界名种种光明华庄严　　　　　　　　　　　　佛号金刚光明无量精进力善出现
世界名一切宝庄严普照光　　　　　　　　　　　佛号净光智胜幢
世界名种种香　　　　　　　　　　　　　　　　佛号师子光胜照
世界名最胜光遍照　　　　　　　　　　　　　　佛号净眼离垢灯

「一切香摩尼王莊嚴」大蓮花
無邊妙華光香水海

세계종

심해서 사방팔방 10방향으로 방사선을 그린다. 그리고는 10개의 동심원同心圓, 정확히는 10개의 구球를 그린다.

그러면 100개의 매듭이 생기는데 이 매듭 하나하나가 세계종世界種이다. 주변 바탕은 향수해가 되고. 그리하여 가운데 있는 무변 묘화광을 합쳐 모두 101개의 세계종이 된다. 따라서 그 전반적 모습은 둥글다(球). 곧 연꽃 모습이다.(80『화엄경』, 대정장 10책 42쪽 중28)

사실 이 101개의 세계종을 다 설명하는 것은 무리다. 그래서『화엄경』에서는 중앙에 있는 세계종과 첫 번째 동심원에 있는 세계종 등 11개만을 주로 설명한다.

여기서는 이 중 세계종 하나를 본다. 곧 매듭 하나를 본다. 그러면 이 각각의 세계종에도 각각 수많은 세계世界와 부처(佛)가 있다. 이것이 위에서 말한 백천억화신百千億化身의 개념이다.

그러나 이 세계와 부처를 다 설명하는 것은 불가능하다. 그래서 세계종마다 각각 20개씩을 예로 들고 있다. 그러나 이것도 복잡하다. 그래서 여기서는 중앙에 있는 세계종, 곧 위에 말한 보조시방치연보광명 세계종만을 보기로 한다.

그 맨 아래에는 최승광변조 세계世界와 정안이구등 부처(佛)가 있다. 또 맨 위에는 묘보염 세계와 복덕상광명 부처가 있다. 물론 이 사이에 18개의 세계와 부처가 있어 모두 20개가 된다.(참조: 조경철,『불교의 우주관, 불교와 제과학』, 동국대학교출판부, 1987, 316쪽)

따라서 만약 위에 말한 101개 세계종 모두를 본다면 세계와 부처의 수는 101세계종×20세계로 모두 2,020개가 된다. 물론 이것도 수많은 세계와 부처 중의 일부일 뿐이다.

그리고 이들의 전반적 모습은 둥글다고 할 수 있다. 곧 연꽃 모습이다. 화장장엄세계해를 전체적으로 보든, 세분해서 보든 모두 둥근 모습임을 알 수 있다.

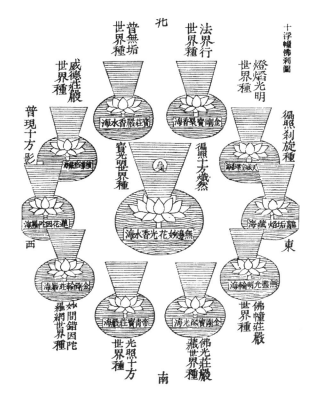

여러 세계종의 모습

3,000억 개 은하의 모습

이제 위에 말한 향수해香水海·향수하香水河·세계종世界種 등을 현대과학에서 말하는 3,000억 개 은하와 비교해 본다. 물론 3,000억 개라는 숫자에 너무 집착할 필요 없다. 과학이 발달함에 따라 이 수는 변할 수도 있기 때문이다. 따라서 현대과학이 본 것과 불교가 본 것을 비교한다는 데 의미를 두어야 한다.

그러면 그 모습은 당연히 연꽃 모습이다. 곧 3,000억 개 은하의 전체적 모습이 연꽃 모습이란 말이다.

그런데 이 은하들이 우주에 골고루 퍼져 있는 것이 아니라 부분적으로 몰려 있다. 몰려 있는 곳은 몰려 있지만, 드문 곳은 드물다는 말이다.

그러면 그 몰려 있는 모습은 어떨까? 강이나 하천처럼 길게 늘어선 모습이다. 이를 멀리서 보면 마치 연꽃의 꽃잎처럼 보인다. 연꽃의 꽃잎은 강이나 하천처럼 긴 모습이다. 『화엄경』에서는 이를 향수하香水河, 곧 향수 하천이라 했다. 따라서 향수하는 연꽃잎을 뜻한다.

이제 연꽃잎 하나를 보면 실은 수십억, 수백억 은하銀河들이 모인 것이다. 이 많은 은하들이 모여 연꽃잎 하나를 이루는 것이다.

이번에는 연꽃잎 하나를 잘라서 본다. 아주 작게 말이다. 그러면 하나의 은하를 보는 것이 된다. 그런데 이 하나의 은하도 실은 3,000억 개의 별들로 이루어져 있다. 이 엄청난 숫자가 모여 연꽃

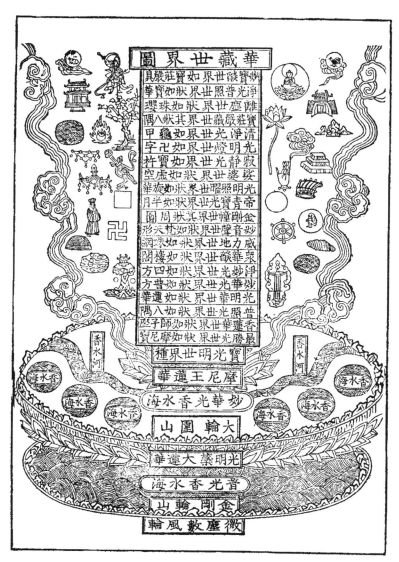

항수해, 항수하를 표현한 화장세계도

잎의 작은 부분을 이루는 것이다.

따라서 비록 3,000억 개의 별이라 하지만 우주 전체로 봐서는 별 것 아니다. 그래서 『화엄경』에서는 이를 숫제 씨(種)라고 표현했다. 위에서 말한 세계종世界種할 때의 씨(種)가 그것이다. 곧 씨는 3,000억 개 별이다.

또 이번에는 세계종 안에 있는 별 하나를 본다. 그러면 이 별 하나에도 마치 우리 태양과 같이 여러 개의 행성行星이 있다. 태양 주위에 지구, 화성, 금성, 목성, 토성 등 많은 행성이 있는 것과 같기 때문이다.

이때 별이 속한 세계, 곧 태양계 같은 것을 『화엄경』에서는 그냥 세계世界라 했다. 그리하여 위의 모두가 합쳐 전체적으로는 향수해香水海, 곧 향수 바다를 이루고 연꽃을 이룬다. 곧 은하 전체의 모습을 이루고 우주 전체의 모습을 이룬다.

어찌 보면 불교의 견해나 현대과학의 견해가 같다고 할 수 있다. 다만 불교는 우주 전부를 관조하여 그 모습을 아는 데 비해, 현대과학은 수학적으로 계산하여 그 모습은 모른다고 할 수 있다.

우주와 연꽃
현대 우주: 은하전체 〉은하 일부 〉은하 하나 〉별
연 꽃 : 연꽃전체 〉꽃잎 하나 〉꽃잎 부분
향수해 등: 향수해 〉향수하 〉세계종 〉세계

삼천대천세계

한편 불교에서는 우주를 표현하는 말에 삼천대천세계三千
大天世界라는 말을 쓴다. 사람마다 풀이가 다소 다른데 크게 두 가
지로 구분된다. 종교적으로 보는 것과 현실적으로 보는 것이 그것
이다.

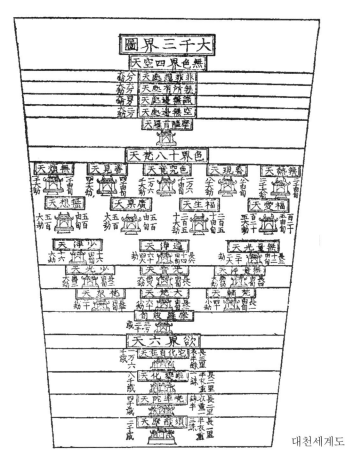

대천세계도

종교적으로 보면 삼천대천세계는 욕계欲界·색계色界·무색계無色界, 곧 불교의 십계十界 26천天을 뜻한다. 천당에서 지옥까지라는 말이다. 부처의 세계 전체를 말한다고도 할 수 있다.

그러나 이를 현실적으로 보면 현재 우주의 모습을 뜻하는 것이 된다. 위에 말한 연꽃 세계를 도식화하여 달리 표현했다는 말이다.

일천 세계世界가 모인 것이 일소천세계小千世界이고,
일천 소천세계가 모인 것이 일중천세계中千世界이며,
일천 중천세계가 모인 것이 일대천세계大千世界이고,
일천 대천세계가 모인 것이 삼천대천세계三千大天世界이다.
(참조: 최봉수 지음, 『불교란 무엇인가』, 부디스트웹닷컴, 208쪽)

이를 위에 말한 연꽃 세계와 비교해 보면 여기서 말하는 세계는 별 하나가 되고, 소천세계는 연꽃잎의 부분이 되며, 중천세계는 연꽃잎이 되고, 대천세계는 연꽃이 된다. 이 모두를 합쳐 삼천대천세계三千大天世界라 하는데 이는 위에 말한 화엄장엄세계해를 단순 도식화한 것이다.

연꽃세계와 삼천대천세계
연 꽃 세 계 : 연꽃 　　 〉연꽃잎 〉연꽃잎 부분 〉별
삼천대천세계: 대천세계 〉중천세계 〉소천세계 　〉세계

수미산

또 불교에서는 수미산須彌山이란 말을 쓴다. 이는 상상의 산인데 구성은 이렇다. 맨 아래에는 풍륜風輪이 있고, 그 위에는 수륜水輪이 있으며, 또 그 위에는 금륜金輪이 있다. 이 금륜 위에 수미산 세계가 있다.

圖 山 彌 須

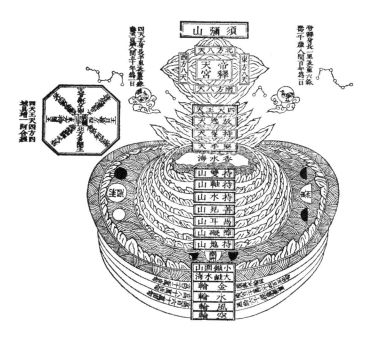

수미산도

금륜을 위에서 내려다보면 대함해大鹹海라는 거대하고 둥근 바다가 보이는데, 이는 철위산鐵圍山이라는 쇠로 만든 산으로 둘러싸여 있다. 또 대함해 안에 구산팔해九山八海, 곧 아홉 개의 산과 여덟 개의 바다가 있어 둥근 모습을 이룬다.

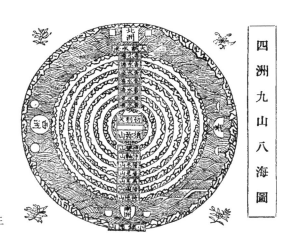

구산팔해도

그리고 구산팔해 안에는 동서남북 사방에 4주四洲가 있는데 이른바 등승신주東勝身洲, 서우화주西牛貨洲, 남섬부주南瞻部洲, 북구로주北俱盧洲다. 손오공에도 등장하는 이름인데 이 중 우리가 살고 있는 곳은 남섬부주로 사다리꼴 모습을 하고 있다. 이는 인도의 땅 모습을 나타낸다고 한다.

또 4주 한가운데는 정사각형 땅이 있고 이 가운데는 큰 산이 솟아 있는데 높이는 8만 유순(요자나)이다. 유순은 고대 인도의 거리

四大部洲圖

北俱
盧洲

西牛
貨洲

東勝
神洲

南贍
部洲

사대부주도

단위인데 무척 높다는 뜻이다. 이를 수미산須彌山, 달리 묘고산妙高
山이라 한다.

　이 수미산 꼭대기에는 불교 26천의 하나인 도리천이 있고, 그 위
하늘에는 염마천, 도솔천 등이 있다. 그리고 산 중턱에는 사천왕천
이 있고, 산 아래에는 인간과 축생이 살며, 지하 땅 속에는 아귀와
지옥이 있다.

　이 수미산은 당연히 우주 성주괴공과 불교 이론을 적절히 조합
하여 상상으로 구성한 것이다. 따라서 재미는 있지만 이론적 분석
에는 한계가 있다. 어쩌면 우주의 실제 설명이 힘드니까 이렇게 적
절히 도식화했다고도 볼 수 있다.

은하의 모습

이제 은하 하나나 그 무리의 모습을 보기로 한다. 위에서 말했듯이 불교는 이 우주에 무수한 세계해世界海가 있다고 하면서 그 모습으로 나무 모습(樹形), 둥글지도 모나지도 않은 모습(非圓方) 등 10가지를 예로 들었다.

또 무수한 세계종世界種이 있다고 하면서 그 모습으로 소용돌이 치는 모습, 수레바퀴 모습, 수미산 모습, 강 모습 등 20가지를 예로 들었다.

또 무수한 세계世界가 있다고 하면서 그 모습으로 18가지를 예로 들었는데, 그 모습은 위에 말한 세계종의 모습과 비슷하다고 했다.

이것은 무엇을 뜻할까? 세계는 우리 태양계와 같은 모습을 말하고, 세계종은 은하의 모습을 말하며, 세계해는 은하들이 모인 모습을 말한다고 한다면 이들의 모습이 서로 비슷하다는 뜻이다.

곧 은하는 규모가 크든 작든, 또는 하나이든 여럿이든 비슷한 모습이란 말이다. 현대과학에서 말하는 것처럼 은하, 은하군銀河郡, 은하단銀河團, 초은하단超銀河團 등으로 나눈다면 이들의 모습이 서로 비슷하다는 말도 된다.

그리고 그 모습은 수없이 많아 말로 다 표현할 수 없다는 것이다. 그러면서 20가지 또는 18가지를 예로 들었다.

그런데 위에서 말한 것처럼 현대과학에서도 은하의 모습을 이야기한다. 막대 모습, 나선형 모습(바람개비), 수레바퀴 모습, 타원 모습, 안테나 모습, 소리굽쇠 모습 등등으로 말이다.

그러나 그 숫자가 많지 않다. 대여섯에 불과하다. 이는 육안으로 본 결과이다. 당연히 전체를 보지 못한 결과이다. 전체를 보는 불교에는 한참 못 미친다.

현대과학은 지금 우리가 사는 곳을 중심으로 해서 시야를 차츰차츰 넓혀가는 단계라고 할 수 있다. 이때 현대과학이 『화엄경』을 본다면 큰 도움이 될 것이다.

또 현대과학은 크기에 따른 은하의 모습도 구분하지 못하고 있다. 비록 은하, 은하군, 은하단, 초은하단 등의 말을 쓰지만, 불교처럼 세계종, 향수하, 향수해 같은 전반적인 모습을 나타내는 견해는 없다.

그러나 본 모습은 서로 비슷하다고 할 것이다. 예를 들어 불교가 본 나무 모습, 둥글지도 모나지도 않은 모습, 소용돌이치는 모습, 수레바퀴 모습 등이 각각 현대과학이 본 막대 모습, 타원 모습, 나선형 모습, 수레바퀴 모습이 될 수도 있기 때문이다. 이는 불교와 현대과학이 서로 도움을 줄 수도 있다는 이야기다.

우리 은하의 모습

위에서 우리 은하를 옆에서 보면 가운데가 볼록한 접시 모습이고, 위에서 보면 4개의 날개가 회전하는 바람개비 모습인데, 우리 태양은 그 중 3번째 날개인 오리온 팔에 있다고 했다.(참조: 이

시우, 『우주의 신비』, 148쪽)

　그런데 불교에도 이와 비슷한 표현이 있다. 곧 위에서 말한 것처럼 "4천하天下 티끌 수만큼의 향수 하천이 있는데 오른 쪽으로 휘감아 돈다"는 것이 그것이다.

　여기서 중요한 것은 "4천하"라는 말과 "오른쪽으로 휘감아 돈다"는 말이다. 4천하天下는 바람개비 4개의 날개를 말하고, 오른쪽으로 휘감아 돈다는 것은 은하가 오른쪽으로 회전하는 모습을 표현한 것이라 생각할 수도 있기 때문이다. 이는 곧 지금 우리가 살고 있는 은하, 곧 미리내를 설명한 것이라 볼 수 있다.

　만약 그렇다면 현대과학은 이제야 우리 은하를 비롯해서 주변 은하들을 보기 시작하는 데 불과하지만, 불교는 이미 2,500년 전에 우리 은하를 포함해서 전체 은하를 다 본 것이 된다.

② 연화장

중첩우주와 다중우주

　이제 위에 말한 우주의 겹쳐진 모습 또는 속 모습을 보기로 한다. 이제까지의 이야기는 대부분 우주의 현재 모습 또는 겉모습이었다. 은하들이 공간적으로 전개된 모습만 보았다는 이야기다. 따라서 이제는 주로 시간적으로 겹쳐진 모습, 곧 성주괴공의 변천하는 모습을 주로 본다는 이야기다.

　그런데 현대과학에 다중우주多重宇宙, 중첩우주重疊宇宙라는 말이 있다. 그리고 이 말을 같은 뜻으로 쓴다. 물론 그럴 수도 있다고 생각된다. 비슷한 뜻이기 때문이다.

그러나 이 말을 달리 쓸 수도 있다. 곧 다중우주는 공간적으로 여러 은하가 서로 겹치는 것을 말하고, 중첩우주는 시간적으로 변천하는 단계가 서로 겹치는 것을 말한다고 말이다.

달리 말하면 다중우주는 현재의 은하들이 서로 겹친 것을 말하고, 중첩우주는 성주괴공의 단계별 변천 과정이 서로 겹친 것을 말한다는 것이다. 전자는 횡적 공간적 개념이고, 후자는 종적 시간적 개념이란 말이다.

현대과학이 이 말을 구분하지 않고 쓰는 것은 중첩우주에 대해서는 명확한 이해가 없기 때문이다. 이는 뒤에 말하는 우주의 두께와 관련된다. 그러나 불교에서는 벌써부터 이를 구분해서 쓰고 있다. 여기서도 당연히 구분해 쓰고자 한다.

현재에 겹침

그러면 어디에 겹쳐져 있을까? 현재 우주, 곧 겉모습 우주에 겹쳐져 있다. 지금 우주에 겹쳐져 있다고 해도 된다. 무수히 변천하는 과정이 마지막 단계인 지금 우주에 겹쳐져 있다는 말이다. 4겁 중 주겁住劫에 겹쳐져 있다고도 할 수 있고, 4륜 중 금륜金輪에 겹쳐져 있다고도 할 수 있다.

그러면 어떻게 겹쳐져 있을까? 현재 우주에 그대로 겹쳐져 있을까? 아니면 현재 우주에 앞 단계들의 성질이 들어 있을까? 대답하기 참으로 곤란하다. 뒤에 말하는 전등불에서 마지막 전등불에 앞의 전등불들이 그대로 들어 있을까, 아니면 그들의 성질이 들어 있을까 하고 묻는 것과 비슷하기 때문이다.

만약 그대로 들어 있다면 현재 우주에서 초기 우주를 그대로 찾을 수 있다. 그러나 성질이 들어 있다면 초기 우주를 찾는 데 어려움이 있다.

그러나 불교에서는 앞의 우주가 그대로 들어 있다는 견해를 취하는 것 같다. 수행에 따라 성주괴공을 꿰뚫어보며 점점 더 깊은 공空으로 나아가기 때문이다.

한편 위에서 비록 현대과학이 우주의 중첩에 대해서는 명확한 이해가 없다고 했지만, 사실 은연중에 이미 이를 인지하고 있다. 다만 명확하게 드러내지 못했을 뿐이다. 다음과 같은 말들이 이를 증명한다.

우리의 눈에 보이는 세계는 진정한 세계가 아니라 실체의 일부분에 지나지 않는다.(『우주의 구조』, 48쪽)
현실이 다른 외부 세계가 우리 세계에 투영되어 있다. 과거와 미래의 모든 정보는 현재의 순간에 모두 각인되어 있다.(『우주의 구조』, 57쪽)
하늘의 실체는 우주의 복잡한 구조를 덮고 있는 얇은 천에 불과

하다.(『우주의 구조』, 49쪽)

위의 이야기는 대부분 중첩우주를 뜻한다. 투영, 각인, 얇은 천 같은 말이 특히 그러하다. 얇은 천은 뒤에 말하는 막膜 이론임은 말할 것도 없다. 그럼에도 불구하고 혼동을 일으키는 것은 중첩과 다중을 명확하게 구분하지 아니했기 때문이다.

연화장세계와 바퀴

위에서 화장장엄세계해의 현재 모습, 곧 겉모습을 연화라 했다. 이제 중첩된 모습, 곧 화장장엄세계해의 속 모습. 다시 말하면 우주 성주괴공까지 함께 보면 그 모습은 어떨까? 위에서 말했듯이 연화장蓮華藏이다. 곧 숨겨진 세상까지 다 보는 것이다.

그런데 이 연화장을 이해하기가 참으로 어렵다. 공 같이 둥근 우주의 변천 과정이 지금 우주에 중첩되어 있는데 이를 이해하기도 어렵고 표현하기도 쉽지 않다는 것이다. 그래서 이해를 돕기 위해 편법을 썼는데, 그것이 바로 위에서 잠시 이야기한 바퀴와 그물이다.

곧 공(球) 같이 둥근 우주를 수레바퀴(輪)처럼 납작하게 변형시켰다. 나아가 그물(網)처럼 더 납작하게 변형시켰다. 이들을 쌓으면 중첩을 표현할 수가 있다. 곧 우주의 중첩을 표현할 수 있다. 따라서 여기의 바퀴와 그물은 우주를 뜻한다.

이제 바퀴를 본다. 곧 4륜四輪을 본다. 공륜空輪, 풍륜風輪, 수륜水

輪, 금륜金輪을 한 길로 세운다. 맨 아래는 공륜이 되고 맨 위는 금륜이 되게 말이다.

그러면 공륜 → 풍륜 → 수륜 → 금륜, 다시 말하면 빈 것 → 바람 → 물 → 쇠가 한 길로 늘어서게 된다. 곧 이렇게 변천하는 수많은 단계가 땅에서 하늘로 늘어서는 것이다. 그런 후 옆에서 본다. 그러면 어떨까?

점진적으로 변천하는 우주의 전 과정이 한눈에 들어온다. 그리고 이것이 보석처럼 꿰뚫어보인다. 맨 아래는 아주 엷은 보석이 되고, 맨 위는 아주 짙은 보석이 되어서 말이다. 그러니 그 광경이 얼마나 장엄하겠는가. 이루 말로 다 표현할 수 없을 것이다.

이를 위에서 화장세계, 연화장세계라 했다. 곧 연꽃이 숨겨진 화려한 세계라 했다. 이때 4륜은 당연히 이 무수한 단계 중 대표적인 것을 가리킨다.

연화장세계와 그물

『화엄경』「화장세계품」에는 이런 구절이 있다.

이루 말할 수 없는 향수해가 화장장엄세계해 중에 있는데, 마치 제석천 그물망(인드라망)처럼 분포되어 있다. 此不可說 佛刹微塵 數香水海 在華嚴藏嚴世界海中 如帝釋網 分布而住.(80『화엄경』, 대 정장 10책 42쪽 중24)

곧 우리가 살고 있는 화장장엄세계해에는 수없이 많은 향수해가 있는데, 그 모습은 제석천의 그물망과 같다는 것이다.

말할 것도 없이 여기의 그물은 바퀴를 더 납작하게 만든 것이다. 당연히 중첩을 설명하기 위해서다. 그물은 겹겹이 그리고 무수히 쌓을 수 있다. 곧 무수한 중첩을 잘 표현할 수 있다.

그런데 이 그물은 층마다 성질이 다르다. 예를 들면 아래로 내려 갈수록 성질이 연하고 위로 올라갈수록 성질이 단단하다. 공륜空輪 → 풍륜風輪 → 수륜水輪 → 금륜金輪으로 변할 때 공륜은 연하지만 금륜은 단단하다는 말이다. 당연히 이는 점진적 발전 과정을 나타 낸다.

그물코도 마찬가지다. 아래로 내려갈수록 연하고 위로 올라갈수 록 단단하다. 사실 여기서 말하는 그물코는 세계종世界種이다. 곧 3,000억 개의 별들로 구성된 은하이다. 이를 그물코라 했다.

그리고는 이들이 한꺼번에 모두 보이는 것이다. 위 바퀴에서 말 한 것처럼 연한 보석에서 짙은 보석까지 겹겹이 겹쳐진 모습으로 말이다. 그러니 얼마나 장엄하겠는가! 참으로 찬란할 것이다. 이를 중중루망重重累網이라 한다. 곧 겹겹이 겹쳐진 그물망이란 뜻인데 당연히 중첩우주를 나타낸다.

인드라망과 범망

『범망경梵網經』 등 불교에는 인드라망網, 제망帝網, 범망梵網 등의 말을 쓴다. 모두 겹겹이 겹쳐진 화려한 보석 그물망이란 뜻이다.

인드라망은 제석천帝釋天에 있은 화려한 보석 그물망을 말한다. 제석천은 불교 26천의 하나인데 달리 제망帝網, 제망찰해帝網刹海라 한다. 제망찰해란 제석천의 그물망이 바다와 같이 넓다는 뜻이다. 제帝는 인도어 인드라를 옮긴 말이다.

범망梵網은 범천梵天에 있는 화려한 보석 그물망이다. 범천 역시 불교 26천의 하나인데 제석천보다 높다. 여기의 보석은 영략瓔珞 이다.

그러면 여기서 말하는 제망, 범망이 전부일까? 아니다. 이는 위에 말한 중중루망 중 제석천과 범천에 속한 부분만을 든 것이다. 사실 불교 26천 모두에 그물망이 있다. 이들이 모여 중중루망을 이루기 때문이다.

따라서 위에 말한 제망, 범망은 이 중 두드러진 것을 든 것뿐이다. 이 아래는 보석이 너무 짙어 장엄함이 떨어지고, 이 위는 거꾸로 보석이 너무 연해 장엄함이 떨어지기 때문이다.

6

우주의 두께

① 불교의 견해

두께와 단계, 경계

　　우주의 두께라 했지만 적절한 표현인지 알 수가 없다. 공간의 두께라 할 수도 있다. 그러나 이것 역시 적절한 표현이 못된다. 여기서 말하는 두께를 잘 표현할 수가 없기 때문이다.

　연화장세계에서 숨겨진 세계가 있다는 것은 숨겨질 곳이 있다는 이야기니, 곧 숨겨질 두께가 있다는 이야기다. 현대과학에서 숨겨진 우주, 말려진 우주, 구겨진 우주, 뒤틀린 우주 등을 이야기했을 때 그럴 곳이 있다는 이야기니, 곧 그럴 수 있는 두께가 있다는 이야기다. 두께가 없으면 그럴 곳이 있을 수 없기 때문이다.

　그러나 이는 말이나 글로써 표현이 잘 되지 않는다. 어쩌면 말이나 글로써 표현이 안 될 수도 있다. 안에 있다, 들어 있다, 내포되어 있다, 포함되어 있다 등등 그 어떤 말도 적절한 표현이 못된다.

어쩌면 여기의 두께란 말은, 석가가 영취산에서 꽃을 들어보이자 모두들 가만히 있었는데 가섭迦葉만이 빙그레 웃었다는 바로 그 염화미소拈華微笑일 수도 있다.

그러나 오래 전부터 이 개념을 인지하고는 있었다. 불교는 원칙적으로 공간의 두께를 전제로 해서 이론이 정립되었다고 볼 수 있다. 그럼에도 불구하고 이 개념을 명확히 규명하지 못해 혼란을 일으키고 있다.

현대과학도 이 개념을 인지하고 있다. 뒤에 말하는 이론들 대부분이 그렇다. 막연하나마 말이다. 그럼에도 불구하고 불교보다도 더 명확히 규명하지 못해 더욱더 혼란을 일으키고 있다.

이제 이 두께라는 개념을 살펴보고자 한다. 불교와 현대과학이 만나는 중요한 길목이기 때문이다. 위에서 4겁, 4륜 등 변천하는 과정을 여러 번 이야기했다. 그리고 이들이 마지막 단계에 겹쳐져 있다고 했다.

만약 빈 것(空) → 바람(風) → 물(水) → 쇠(金)로 변천하는 과정이 어느 한 곳, 예를 들어 마지막 단계인 쇠(金)에 겹쳐져 있다면, 이 쇠(金)의 단계에 두께가 있음을 인정해야 한다. 그 두께가 얼마나 두터운지 얇은지는 모르지만 말이다. 그래야 겹쳐질 곳이 있기 때문이다. 만약 두께가 없으면 겹쳐질 곳이 없다. 나아가 존재할 곳도 없고 변천할 곳도 없다. 이를 공간의 두께, 우주의 두께라 했다.

사실 이기론理氣論이나 음양오행론陰陽五行論도 모두 두께를 가정하고 있다. 이리 → 기氣 → 질질質로 변하는 것, 무극無極 → 태극太極 → 음양陰陽 → 오행五行 → 물질物質로 변하는 것 모두 적어도 마지막 단계인 물질에 두께가 있음을 염두에 두고 있다. 그렇지 않으면 4겁이나 4륜처럼 변천할 곳이 없기 때문이다. 그런데도 대부분 이를 그냥 지나친다는 말이다.

음양오행론

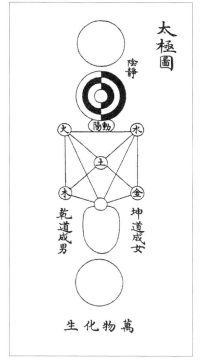

동양의 우주생성론-태극도

그러면 이들 단계들 사이에 경계선이 존재할까? 예를 들어 빈 것, 바람, 물, 쇠의 단계 사이에 경계선이 존재할까? 없다고 보는 것이 현명할 것이다. 부드럽고 점진적으로 변천하는 과정에 경계선을 설정할 수가 없기 때문이다.

그러나 변하고 난 결과를 보면 빈 것, 바람, 물, 쇠 등으로 구분된다. 따라서 경계선은 결과를 보고 편의상 인위적으로 그은 것이다. 본디부터 있는 것이 아니다.

불교에서는 경계란 말을 쓴다. 경계를 넘어서야 깨친다고 할 때의 경계 말이다. 이 경계는 위에서 말한 단계일 수도 있다. 곧 단계와 경계는 같은 말일 수도 있다.

중첩과 방안의 등불

이제 이 단계들의 관계를 좀 더 자세히 살펴본다. 빈 것(空), 바람(風), 물(水), 쇠(金)의 단계를 예로 든다. 그러면 이들은 어떻게 되어 있을까?

위에서 겹쳐져 있다고 했는데 포개져 있다, 포함되어 있다고도 할 수 있다. 물론 중첩重疊되어 있다, 응축凝縮되어 있다, 응집凝集되어 있다고도 할 수 있다. 그러나 그 어느 것도 정확한 표현이 못 된다.

빈 것(空) → 바람(風) → 물(水) → 쇠(金)로 변천한다고 했을 때 빈 것(空)은 바람(風)에 포함되어 있고, 바람(風)은 물(水)에 포함되어 있으며, 물(水)은 쇠(金)에 포함되어 있다는 뜻이다. 따라서 마지막 단계인 쇠(金)에는 앞의 모든 것이 모두 포함되어 있다. 이를 중첩, 응축 등이라 말했다.

이해를 돕기 위해 비유를 든다. 깜깜한 방이 있다. 이 방에 전등을 설치한다. 그런데 이 전등은 밝기를 마음대로 조절할 수 있는 전등이다.

처음에는 전등을 아주 약하게 켠다. 그러면 조금 밝아진다. 다음에는 조금 세게 켠다. 그러면 조금 더 밝아진다. 다음에는 아주 세게 켠다. 그러면 더욱 더 밝아진다. 이렇게 해서 마지막에는 전등을 끝까지 켠다. 그러면 아주 밝아질 것이다.

이때 마지막 아주 밝은 것에는 앞의 모든 밝은 것들이 모두 포함되어 있다고 할 수 있다. 이를 중첩, 응축이라 했다.

그리고 이렇게 밝기를 마음대로 조절할 수 있는 것은, 이러한 여러 종류의 밝기가 들어갈 수 있는 공간 또는 변할 수 있는 공간이 있다는 뜻이니 이를 우주의 두께, 공간의 두께라 했다.

공즉시색 색즉시공

이제 4륜四輪을 줄여서 두 단계로 구분해 본다. 처음의 빈 바퀴와 마지막 쇠바퀴라 해도 되고, 처음의 빈 바퀴와 나머지 바퀴들이라 해도 된다. 곧 빈 것(空)과 물질로 나눈다는 말이니, 불교에서 말하는 공空과 색色으로 나눈다는 말이다.

그러면 이 둘의 관계가 어떻게 될까? 불교에서 말하는 공즉시색

空卽是色 색즉시공色卽是空의 관계가 된다. 공이 곧 색이고, 색이 곧 공이다.

그런데 공즉시색 색즉시공이라 하면서 왜 같은 말을 반복했을까? 한 번은 공에서 시작하고 한 번은 색에서 시작하면서.

이는 공과 색이 같지만 똑같지는 않다는 뜻이다. 같으면서 다르다는 것이다. 같은 두께 안에 있어서 같지만, 공과 색은 분명히 다르기 때문이다. 또 어느 쪽에서 시작하든 마찬가지란 말이다. 공에서 시작하든, 색에서 시작하든 말이다.

이 개념을 머리에 두고 위에 말한 전등불을 다시 본다. 아주 밝은 전등불과 아주 어두운 전등불 두 가지만 본다. 물론 아주 밝은 전등불과 나머지 전등불이라 해도 된다. 공과 색의 개념이기 때문이다.

그러면 이 둘의 관계는 어떨까? 다르다고 할 수 있다. 왜냐? 밝은 것과 어두운 것은 분명히 다르기 때문이다. 그러나 다르다고만 할 수 없다. 같다고도 할 수 있다. 왜냐? 같은 공간에서 변한 것이기 때문이다. 곧 공즉시색 색즉시공과 같은 견해가 된다.

따라서 공즉시색 색즉시공은 4륜輪이나 4겁劫을 간단히 표현한 말이 된다.

비일비이非一非異와 제등齊等

공과 색의 관계를 달리 표현할 수도 있다. 비일비이非一非異라는 말이 그것이다. 같은 것도 아니고 다른 것도 아니라는 말인데,

위에서 말한 "같지만 똑같지는 않다", "같으면서 다르다"는 말과 통하는 말이다. 원효대사가 특히 즐겨 쓴 말로서 그의 『대승기신론 소별기』에는 이 말이 수십 번이나 나온다.

공空과 색色은 같다고도 할 수 없고 다르다고도 할 수 없다(非一 非異).

공空과 색色은 같은 것도 아니고 다른 것도 아니다(非一非異).

비일비이非一非異에서 일一은 같다는 뜻이고, 이異는 다르다는 뜻이다. 이異는 이二로도 쓴다. 따라서 비일비이는 공즉시색 색즉시공을 줄인 말로서 같은 뜻이다.

그러면 이 말을 더 줄일 수는 없을까? 있다. 곧 원융圓融, 중도中道, 나아가 법계일상法界一相이 그것이다. 원융은 여러 가지가 두루 뭉수리하게 뭉쳐져 있다는 뜻이고, 중도는 가운데 길이란 뜻이며, 법계일상은 진리세계는 하나의 모습이란 뜻이다.

그러나 이 말에서는 위에 말한 공즉시색 색즉시공이나 비일비이 같은 개념이 잘 드러나지 않는다. 그냥 무엇이 뭉쳐져 있다는 느낌, 막연히 가운데 길이라는 느낌, 한 가지 모습이란 느낌만 들지 구분되는 느낌은 잘 들지 않는다.

그래서 원효는 다른 말을 쓴다. 제등齊等이 그것이다. 뜻은 가지런히 같다는 것인데, 두 가지가 나란히 겹쳐져 있다는 뜻이다. 마치 나무젓가락이 나란히 겹쳐져 있는 것처럼 말이다.

이때 이를 하나라고 할 수도 없고, 둘이라고 할 수도 없다. 공과 색도 이런 관계란 말이다. 나아가 4겁이나 4류도 이런 관계란 말이다.

이처럼 위에 말한 것은 표현하기가 쉽지 않다. 이해하기는 더욱 어렵다. 사실 이것만 이해하면 불교 이론 공부는 다 끝난다고 할 수 있다. 남는 것은 수행해서 자기가 실제로 체득하는 것뿐이다.

그런데 원효대사는 이 말을 표현해 보려고 무척 노력했다. 그러고는 서로 상반되는 말들을 교묘히 궤변처럼 엮어 연결했다(?). 그만큼 어렵기도 하고 우리를 위한 것이기도 하다. 다음 글을 보면 알 수 있다.

[참고] 원효대사 글 서문

①『진역화엄경소晉譯華嚴經疏』서문序文
무릇 막힘도 없고 걸림도 없는 진리 세계 진리 문은,
진리가 없으면서도 진리가 아닌 것이 없고,
문이 없으면서도 문이 아닌 것이 없다.
이에
크지도 아니하고 작지도 아니하며,
빠르지도 아니하고 느리지도 아니하며,
움직임도 아니고 조용함도 아니며,

하나도 아니고 여럿도 아니다.

原夫 無障無碍法界法門 無法而無不法 無門而無不門 爾乃 非大非
小非促非奢 不動不靜不一不多.

②『보살영락본업경소菩薩瓔珞本業經疏』 서문

무릇 〈대립되는〉 두 진리의 가운데 길은,

길이라고 할 수 없는 것의 나루터요,

아주 그윽한 법의 문은,

문이라고 할 수 없는 것의 진리이다.

길이라 할 수 없기 때문에, 마음 닦음이 있을 수가 없고,

문이라 할 수 없기 때문에, 닦아서 들어감이 있을 수가 없다.

그러나

큰 바다에는 나루터가 없으나,

배들이 노를 저어면 능히 건너갈 수가 있고,

빈 하늘에는 사다리가 없으나,

새들이 날개를 나부끼면 높이 날 수가 있다.

이로서

길이 없는 길, 이것은 길이 아닌 것이 없고,

문이 없는 문, 이것은 문이 아닌 것이 없음을 알 수 있다.

문이 아닌 것이 없기 때문에, 모든 일이 모두 그윽함에 들어가는
문이 되고,

길이 아닌 것이 없기 때문에, 모든 곳이 모두 바탕으로 돌아가는

길이 된다.

原夫 二諦中道 乃無可道之津 重玄法門 逾無可門之理 無可道故 不可以有心行 無可門故 不可以有行入 然以 大海無津 汎舟楫而能渡 虛空無梯 翩羽翼而高翔 是知 無道之道 斯無不道 無門之門 則無非門 無非門故 事事皆爲入玄之門 無不道故 處處咸是歸源之路.

③『열반경종요涅槃經宗要』 서문

무릇 열반의 길로 말하면,

길이 없으면서도 길이 아닌 것이 없고,

머무름이 없으면서도 머무름이 아닌 것이 없다.

따라서 이 길은, 아주 가까우면서도 아주 멀고,

이 길을 깨친 이는, 아주 고요하면서도 아주 시끄럽다.

아주 시끄럽기 때문에, 여덟 가지 소리를 널리 진동시켜,

텅 빈 곳까지 통하게 했으나 그침이 없고,

아주 고요하기 때문에, 열 가지 모습을 멀리 떨쳐,

참 진리와 같아졌으나 맑음뿐이다.

아주 멀기 때문에, 가르침을 따라 그곳에 가려고,

천겁을 지내도 다다를 수 없으나

아주 가깝기 때문에, 말을 잊고 그것을 찾으려 하면,

한 생각도 지나지 않아서 스스로 만나게 된다.

原夫 涅槃之爲道也 無道而無①非道 無住而無非住 是知其道 至近 至遠 證斯道者 彌寂彌暄 彌暄之故 普震八②聲③通虛空而不息 彌

寂之故 遠離十相 同眞際而湛然 由至遠故 隨敎逝之 綿歷千劫而不
臻 由至近故 忘言尋之 不過一念而自會也.

(*『열반경종요』앞글. ①이 서문은『동문선』과『열반경종요』모두에 들
어 있다. 그러나 내용이 다소 다르다. 예를 들어 ①非가 동문선에는 不
로 되어 있다. ②『동문선』音, ③『동문선』遍)

④『금강삼매경론金剛三昧經論』서문

무릇 한마음의 뿌리는, 있다 없다를 떠나 홀로 깨끗하며,

세 가지 빈 바다는, 참됨 속됨을 아울러서 맑음 그대로다.

맑음 그대로니 두 가지를 아울렀으나 하나가 아니며,

홀로 깨끗하니 가를 떠나나 가운데도 아니다.

가운데가 아니나 가도 떠나기 때문에,

있지 않은 법이 곧 없다에 머무는 것도 아니고,

없지 않은 모습이 있다에 머무는 것도 아니다.

하나가 아니나 두 가지를 아우르기 때문에,

참됨 아닌 일이 비로소 속됨이 되는 것도 아니고,

속됨 아닌 진리가 비로소 참됨이 되는 것도 아니다.

두 가지를 아우르나 하나가 아니기 때문에,

참됨과 속됨의 성질이 서지 않는 것이 없고,

물듦과 깨끗함의 모습이 갖춰지지 않는 것이 없다.

가를 떠나나 가운데가 아니기 때문에,

있다 없다는 법이 지어지지 않는 것이 없으며,

옳고 그른 뜻이 두루하지 않은 것이 없다.

夫 一心之源 離①有無而獨淨 三空之海 融眞俗而湛然 湛然 融二而
不一 獨淨 離邊而非中 非中而離邊故 不有之法不卽住無 不無之相
不卽住有 不一而融二故 非眞之事未始爲俗 非俗之理未始爲眞②
融二而不一故 眞俗之性無所不立 染淨之相莫不備焉 離邊而非中故
有無之法無所不作 是非之義莫不周焉.

(*『금강삼매경론』 앞글. ①『동문선』 제83권 自 ②원문 也 추가)

전등불 밝기와 상입상즉

위에 말한 전등불을 다시 본다. 곧 아주 약하게 켠 것, 조금
세게 켠 것, 아주 세게 켠 것, 끝까지 켠 것으로 구분해서 말
이다. 그러면 이들 상호 간의 관계를 달리 말할 수도 있다. 이렇게
말이다.

첫째 아주 약한 것은 조금 센 것에 들어가고, 조금 센 것은 아주
센 것에 들어가며, 아주 센 것은 끝까지 켠 것에 들어간다. 어쩌면
당연한 일인지도 모른다.

둘째 거꾸로도 말할 수 있다. 곧 끝까지 켠 것은 아주 센 것에 들
어가고, 아주 센 것은 조금 센 것에 들어가며, 조금 센 것은 아주 약
한 것에 들어간다고 말이다. 이해가 쉽지 않지만 불교는 이 관념을
인정한다.

그 이유는, 우주를 보석처럼 투명하게 보는 것처럼 모든 것을 투명하게 보기 때문이다. 따라서 모든 것이 서로 비치고 서로 투영되는 것이다. 물론 마음으로 관조하기 때문이다.

따라서 중간 것들도 이렇게 말할 수 있다. 예를 들어 조금 센 것이 끝까지 켠 것에 들어가고, 끝까지 켠 것이 조금 센 것에 들어간다 등등으로 말이다. 역시 서로 비치고 서로 투영되기 때문이다

위의 것들은 나눠서 본 것인데 합쳐서 말할 수도 있다. 곧 끝까지 켠 것에는 앞의 모든 것들이 들어가고, 아주 약한 것에도 뒤의 모든 것들이 들어가며, 중간 것들에도 나머지 모든 것들이 들어간다 등등으로 말이다. 이유는 역시 위에 같다.

곧 모든 전등불 모두가 다른 전등불에 들어가고, 동시에 다른 전등불 모두를 받아들이는 것이다. 이를 상입상즉相入相卽이라 한다. 상입相入은 서로 들어간다는 말이고, 상즉相卽은 서로 같다는 말이다. 『화엄경』에서 특히 중요시여기는 개념이다.

4륜과 상입상즉

이제 이 상입상즉은 4륜에도 똑같이 적용된다. 이유는 위에서와 같이 보석처럼 투명하게 관조하고, 그리고 서로 비치고 서로 투영되기 때문이다.

따라서 4륜의 변천 과정도 이렇게 말할 수 있다. 빈 바퀴가 바람 바퀴에 들어가고, 바람 바퀴가 물 바퀴에 들어가며, 물 바퀴가 쇠

바퀴에 들어간다.

또 거꾸로도 말할 수 있다. 쇠 바퀴가 물 바퀴에 들어가고, 물 바퀴가 바람 바퀴에 들어가며, 바람 바퀴가 빈 바퀴에 들어간다.

중간 것들도 마찬가지다. 또 전체적으로 마찬가지다. 쇠 바퀴에 모든 바퀴가 들어가고, 물 바퀴에 모든 바퀴가 들어간다 등등으로 말이다.

곧 위에 말한 상입상즉이 4륜이나 4겁劫에도 그대로 적용되니, 이는 곧 우주에 상입상즉이 적용된다는 말이다.

일미진중함시방—微塵中含十方

『화엄경』 「화장세계품」에는 이런 말이 있다.

하나하나의 작은 먼지(티끌) 속에 진리 세계가 나타난다.
——塵中見法界.(80『화엄경』, 대정장 10권 39쪽 중28)

또 의상대사義湘大師는 「법성게法性偈」에서 이렇게 말했다.

하나의 작은 먼지가 온 우주를 머금는다. 모든 먼지들 또한 이와 같다.
一微塵中含十方 一切塵中亦如是.

신라의 명효明晶 스님 역시 같은 견해다. 『해인삼매론海印三昧論』
에서 이렇게 말한다.

작은 먼지 하나가 온 우주를 머금고, 모든 먼지도 똑같이 온 우주
를 머금는다.
一塵包含十方刹 一切塵中皆如是.

이게 무슨 말일까? 위에서 말한 상입상즉을 말하는 것이다. 곧
위에 말한 상입상즉은 전체적 거시적으로 본 것이고, 여기서 말한
먼지(티끌)는 부분적 미시적으로 본 것이다. 전체를 아주 작게 쪼
갠 것을 먼지로 표현했기 때문이다.
　그러나 그 의미는 마찬가지다. 전체를 보석처럼 투명하게 보듯
이, 이를 아주 작게 쪼갠 먼지 역시 보석처럼 투명하게 보기 때문이
다. 그리고 이들이 서로 비치고 서로 투영되기 때문에 작은 먼지 안
에도 온 우주가 나타나는 것이다.
　또 어느 특정한 먼지만 그런 것이 아니라 모든 먼지가 다 그런 것
이다. 곧 모든 먼지들에게 상입상즉이 적용되는 것이다.

일중일체다중일一中一切多中一
　위에 말한 일미진중함시방一微塵中含十方, 곧 하나의 작은 먼
지가 온 우주를 머금는다는 말을 달리 표현할 수는 없을까? 있다.

곧 하나의 작은 먼지 안에 온 우주가 들어있다고 하면 된다. 한문으로는 일중일체一中一切다. 상입상즉의 관계이기 때문이고 서로 비치기 때문이다. 이에 의상대사는 「법성게」에서 이렇게 말했다.

하나 안에 모두가 있고, 모두 안에 하나가 있다.
하나가 곧 모두이고, 모두가 곧 하나이다.
一中一切多中一 一卽一切多卽一.

작은 먼지 하나에도 온 우주가 비치니 "하나 안에 모두가 있고", 온 우주에도 작은 먼지가 비치니 "모두 안에 하나가 있다." 이는 상입相入, 곧 서로 들어감을 뜻한다.
또 작은 먼지 하나에도 온 우주가 비치니 "하나가 곧 모두이고", 온 우주에도 작은 먼지가 비치니 "모두가 곧 하나이다." 이는 상즉相卽, 곧 서로 같음을 뜻한다.
원효대사도 이를 적절히 표현하고 있다.

하나와 전체는 거울처럼 서로 비친다. 一與一切互爲鏡影.
(참조: 표훈 지음, 『화엄경문의요결문답』, 김천학 역주, 민족사, 1998, 177쪽)

곧 투영되는 것을 거울처럼 서로 비친다고 했다. 이는 보석처럼 서로 꿰뚫어본다는 뜻이니, 우주를 관조했다는 말이다.

② 현대과학의 견해

평행우주와 평평성 문제

현대과학에 평행우주(parallel universe)라는 말이 있다. 우주가 평평하게 생겼다는 말인데 중첩우주를 달리 표현한 말로 생각된다. 곧 우주가 공륜空輪 → 풍륜風輪 → 수륜水輪 → 금륜金輪으로 변할 때 이를 포개놓고 멀리서 보면 마치 평행하게 보인다는 말 같다. 이렇게도 말한다.

별개의 우주가 우리 우주와 불과 1mm 이내에 있다.(참조: 『우주의 구조』, 551쪽)

여기서 별개의 우주란 당연히 중첩우주를 뜻한다. 다중우주에서는 1mm 이내에 다른 우주가 있을 수 없기 때문이다. 그리고 그 거리가 1mm 이내다. 이는 곧 우주의 두께를 말할 수도 있다. 그 두께가 1mm 이내라고. 어쨌든 무척 얇음을 알 수 있다.

중첩우주重疊宇宙는 우주가 마지막 단계에 모두 포함된 것으로 본 것인데, 평행우주平行宇宙는 우주의 각 단계를 구분해서 본 것이다.

평행우주의 관점에서 보면 평평성平平性 문제가 일어나지 않는다. 평평성 문제(flatness problem)란 우주가 평평해서 그 안의 물질도 균일하다는 견해인데 이 모두가 충족되기 때문이다. 곧 공륜, 풍륜, 수륜, 금륜 등은 평평하다고 할 수 있고, 각 단계의 물질은 균일하다고 할 수 있기 때문이다.

위의 평행우주는 중첩우주와 마찬가지로 당연히 우주의 두께를 전제로 하고 있다. 현대과학은 자기가 인식하지 못하는 사이에 이를 인정하고 있는 셈이다.

차원다짐과 결맞음

현대과학에 차원다짐(dimensional compactification)이란 말이 있다. 이는 시간과 공간을 작은 영역 속으로 밀어 넣는 것 또는 다져진 것을 말하는데, 다분히 추상적이고 신비스런 표현이다.

그러나 작은 영역을 불교에서 말하는 공륜, 풍륜 등 여러 차원으로 보고 이들이 다져져 있다고 보면 이는 중첩우주를 달리 표현한 것이 된다. 다져졌다는 것이 중첩을 뜻하기 때문이다.

또 밀어 넣는다는 것은 두께를 뜻한다. 두께가 없으면 밀어 넣을 수가 없다. 밀어 넣을 곳이 없기 때문이다. 중첩과 두께를 잘 이해하지 못하기 때문에 이런 용어를 쓴 것이다.

뒤에 말하는 초超 끈 이론에서 말려진 차원, 숨겨진 차원 등도 같은 입장이다. 두루마리처럼 말린 것, 뒤에 숨겨져 잘 보이지 않는 것 등의 표현인데, 결국 중첩우주와 두께를 뜻한다. 중첩우주는 육안으로는 보이지 않기 때문에 이런 신비스런 표현을 쓴 것이다. 초

112

끈 이론은 뒤에 다시 이야기한다.

또 결맞음과 결 어긋남이란 말도 쓴다. 원래는 파동波動이 서로 맞느냐 맞지 않느냐를 설명하는 용어인데 이를 우주에도 쓴 것이다.

결맞음(coherence)이란 여러 단계들, 곧 공륜, 풍륜 등이 서로 융합된 상태를 말하고, 결 어긋남(decoherence)이란 이들이 서로 나뉘진 상태를 말한다. 곧 공과 색이 서로 융합된 상태나 나뉘진 상태냐를 말한다는 말이다.

두께의 표현

이 외에도 현대과학에는 우주의 두께를 나타내는 용어들이 많다. 소용돌이, 주름, 고무, 홀로그램, 휘어짐, 곡률반경曲律半徑, 스펀지, 막 이론, 상자 속의 고양이 등이 그것이다.

회전하는 물체는 그 주변의 공간을 소용돌이로 왜곡시킨다.(『우주의 구조』, 563쪽)

여기서 말하는 소용돌이와 왜곡은 평평한 면에 아래위로 굴곡이 있는 뜻이니, 곧 공간의 두께를 나타내는 말이다.

중력파는 시공간에 주름을 만든다.(『우주의 구조』, 566쪽)
시간과 공간은 견고하게 고정되어 있지 않으며 주어진 조건에 따

라 고무처럼 휠 수 있다.(『우주의 구조』, 330쪽)

여기서 말하는 주름 역시 평평한 면에 굴곡을 이루는 두께를 나타내는 말이고, 고무와 휜다는 표현 역시 공간의 두께를 나타내는 말이다.

홀로그램 역시 공간의 두께를 나타내는 것임은 말할 것도 없다. 다음에 이야기하는 휘어짐, 곡률반경, 스펀지, 초 끈 이론, 막 이론 등도 마찬가지다.

휨과 곡률

현대과학은 시공의 휘어짐을 이야기하면서 곡률반경曲律半徑도 이야기한다. 예를 들면 이렇다.

푹신푹신한 스펀지에 무거운 볼링공을 떨어뜨리면 스펀지가 쑥 들어간다. 이때 이를 시공이 휜다고 하고, 들어간 정도를 곡률반경이라 한다.

이것은 말할 것도 없이 공간의 두께를 설명하는 것이다. 스펀지가 쑥 들어간 것이 두께를 상정한 말이고, 쑥 들어간 크기가 공간 두께의 크기를 뜻하기 때문이다. 이를 곡률반경이라 한다.

그러면 곡률반경을 넘어서면 어떻게 될까? 이는 두 가지로 생각해볼 수 있다.

하나는 현대과학에서 말하는 진공眞空으로 들어가는 것이다. 물론 위에서 말한 진짜 진공이다. 이때는 비록 우리 눈에는 보이지 않지만 아직도 물질세계이다. 따라서 그 본질에는 큰 변화가 없다.

둘은 현대과학에서 말하는 가짜 진공으로 들어가는 것이다. 곧 물질세계에서 공의 세계로 들어가는 것이니 본질이 바뀌는 것이다. 이는 위에 말한 성주괴공의 단계가 바뀌는 것일 수도 있다. 불교에서 말하는 단계를 두께로 보고 이 두께를 곡률반경이라 한다면, 이 곡률반경을 넘어서는 것이 성주괴공의 단계가 바뀌는 것이 되기 때문이다.

이 중 무너짐(괴)의 단계에서 빈 것(공)의 단계로 바뀌는 것이 특히 중요한데, 이때는 물질이 사라져 우주가 소멸한다. 색에서 공으로 넘어가기 때문이다.

어쩌면 이때의 곡률반경은 뒤에 말하는 특이점이 될 수도 있다. 특이점을 넘어서면 물질이 사라지기 때문이다. 마치 스펀지에 볼링공을 세게 떨어뜨리면 볼링공이 스펀지를 뚫고 나가는 것과 같다.

이 중 곡률반경은 어느 것을 뜻할까? 두 가지 모두라고 생각된다. 곧 현대과학은 진짜 진공과 가짜 진공은 인식하지만, 불교 성주괴공의 공을 분명히 인식하지 못해 혼동을 일으키고 있다는 말이다.

초 끈 이론

현대과학은 물질의 가장 작은 구성을 알갱이 곧 입자粒子라 생각해 왔다. 그러다 입자라기보다는 파동波動에 가깝다는 주장이 제기되었다. 그래서 J. J. 톰슨은 입자라 주장하여 노벨상을 받았고, 그의 아들 조지 톰슨은 파동이라 주장하여 역시 노벨상을 받았다.

입자라 하면 둥글다는 느낌도 들고 안팎이 구분된다는 느낌도 들지만, 파동이라 하면 일종의 흐름으로 안팎이 특별히 구분되지 않는 느낌이 든다. 이를 끈 이론(string theory) 또는 초超 끈 이론이라 한다.

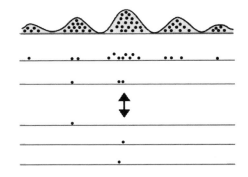

입자와 파동

입자 이론으로 보면 상호 독립성이 강해지고 관련성이 약해지나, 초 끈 이론으로 보면 상호 독립성이 약해지고 관련성이 강해진다. 옛날에는 독립성이 더 강조되었으나 지금은 관련성이 더 강조된다. 어쩌면 이 두 가지 성질을 모두 포함하고 있는지도 모른다.

초超 끈은 말 그대로 아주 짧은 끈이란 뜻인데, 그 설명을 들어본다.

모든 입자들은 핵자보다 100×10억 $\times 10$억 배 작은 끈으로 이루어졌다. 각각의 끈들은 진동하는 형태에 따라 다양한 입자 모습으로 나타난다.(참조: 마치오카쿠 지음, 박영철 역, 『평행우주』, 김영사, 2006, 47쪽)

끈의 길이는 10의 33승 분의 1, 혹은 양성자의 10억 $\times 10$억 분의 1이다.(참조: 『평행우주』, 314쪽)

무척 작다는 것만 이야기하고 설명은 생략한다. 잘 모르기 때문이다.

초 끈 이론에서는 우주를 설명하는 데 10차원 11차원 등의 말을 쓴다. 9차원 공간과 1차원 시간을 더한 것이 10차원이고, 10차원 공간과 1차원 시간을 더한 것이 11차원인데 내용은 난해하여 이해가 잘 되지 않는다(『우주의 구조』, 48쪽). 그래서 필자 나름대로 그 내용을 이해해 보기로 한다.

전선줄에 개미가 기어간다. 아주 멀리서 보면 개미는 너무 작아 보이지 않고, 전선줄만 가는 선으로 보인다. 그러나 사실 개미는 전선줄을 돌아가며 계속 기어간다. 따라서 일정 공간을 차지한다.

이때 멀리서 본 가는 전선줄은 1차원이다. 선線이기 때문이다. 그러나 가까이서 본 전선줄은 당연히 공간과 시간을 차지하여 4차원이다. 공간이 가로·세로·높이로 3차원이고, 시간이 더해져 4차원이 되기 때문이다.

여기에 개미가 전선줄을 돌아가며 기어가니 개미 자신도 공간과 시간을 차지하여 4차원을 이룬다. 또 개미는 전선줄을 기어가는 도중 보이기도 하고 보이지 않기도 하니 2, 3차원이 더해진다. 그리하여 모두 10, 11차원이 된다.

역시 이해가 잘 되지 않는다. 그래서 심지어 공간 속에 여분의 차원이 숨겨져 있다. 아주 작은 영역 속에 구겨져 있다는 말도 쓴다 (『우주의 구조』, 49쪽). 아직까지 끈의 존재를 눈으로 확인한 사람도 없다고 한다(『우주의 구조』, 481쪽). 모두 규명이 쉽지 않다는 말이다. 특히 구겨져 있다는 말은 다분히 문학적이다. 그만큼 어렵다는 말이다.

그럼에도 불구하고 이 초 끈 이론은 매우 중요하다. 왜냐? 공간의 두께를 과학적 사고로 접근하고 과학적 사고로 설명하려 하기 때문이다.

멀리서 본 1차원은 본디 두께가 없다. 선이기 때문이다. 그러나 가까이서 본 개미가 기어가는 모습은 분명히 두께가 있다. 공간을 차지하기 때문이다. 따라서 초 끈 이론은 공간의 두께를 설명하는 이론이기도 하고, 선과 공간을 융합하는 이론이기도 하다.

또 이 개념은 평행우주의 개념과도 통한다. 멀리서 본 전선줄이 우주를 평행하게 본 평행우주 개념이고, 가까이서 본 개미의 기어가는 모습이 평행우주의 두께를 나타내는 개념이 될 수도 있기 때문이다.

따라서 잘 이해는 되지 않지만, 이 초 끈 이론은 공간의 두께를 설명하는 독특한 과학적 접근이라 할 수 있다. 이러다 보면 언젠가는 공간의 두께를 과학적으로 규명할 수도 있을 것이다.

차원 문제

이야기가 다소 빗나가지만, 이참에 차원이란 말을 한번 살펴보기로 한다. 우선 차원이란 말에는 두 가지 뜻이 있는 것 같다.

하나는 현대과학에서 쓰는 것으로 선線은 1차원, 면面은 2차원, 공간空間은 3차원, 시간時間은 4차원 하는 말이고, 둘은 불교에서 쓰는 것으로 단계와 같은 뜻으로 쓰는 말이다.

그러나 현대과학에서 쓰는 것은 다소 문제가 있다. 위에서 말한 것처럼 선은 1차원, 면은 2차원이라 한다면 이때의 선이나 면은 공간을 차지하지 않아야 한다. 3차원부터가 공간 개념이기 때문이다.

그러나 현실적으로 공간을 차지하지 않는 선이나 면은 없다. 곧 위에 말한 선과 면은 당연히 공간을 차지한다. 따라서 이는 가상적이고 현실에는 존재하지 않는다. 곧 현대과학의 차원 개념은 가상과 현실을 혼용해서 만든 이론이란 말이다.

선이나 면을 좌우·전후·상하 또는 가로·세로·높이로 바꾸어도 마찬가지다. 역시 모두 공간을 차지하는 개념들이다. 현실에는 없다. 곧 이렇게 봐도 현대과학의 차원은 가상과 현실을 혼용해서 만든 것이다.

따라서 위에 말한 10차원 11차원에서 앞의 1, 2차원은 공간 개념이 아니다. 3차원부터가 공간 개념이다.

그러나 불교에서는 애초부터 공간을 생각한다. 그리고는 공간을 여러 단계로 나눈다. 성주괴공처럼 말이다. 물론 이를 크게 둘로 나누면 공空과 색色이 된다. 또 이 공과 색을 삼계三界와 십계十界로 나눌 수도 있고, 이 중 공만을 다시 26천天으로 나눌 수도 있다. 이와 같이 불교는 애초부터 공간에서 출발한다.

막과 단계

현대과학에 막膜이란 것이 있다. 영어로는 브레인brane, 멤브레인membrane인데 우리가 흔히 생각하는 얇은 막이다.

막이 아주 방대한 영역에 퍼져 있다.(『우주의 구조』, 49쪽).

곧 우주에 막이 퍼져 있다는 말이다. 우주가 막으로 되어 있다는 말이기도 하다. 초 끈 이론이 더 발전한 개념인데, 당연히 위에 말한 평행우주 또는 얇은 천의 개념과 통한다.

이때 막을 성주괴공의 단계로 볼 수 있다. 곧 막은 단계와 같은 말이다. 물론 여기서는 성주괴공의 마지막 단계, 곧 쇠의 단계로 보는 것이 더 적절하다. 이 단계에는 앞의 모든 단계가 겹쳐져 있기 때문이다. 그리고 현대과학은 이 단계만 볼 수 있기 때문이다.

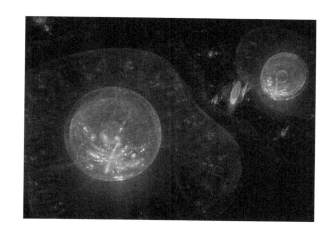

막 이론

그런데 이 막은 참으로 멋있는 표현이고 대단한 표현이다. 투명하고 아주 얇아서 무엇이든지 통과할 수 있기 때문이다. 우주 성주괴공을 투명하게 본다는 말이기도 하고, 우주 성주괴공이 쉽게 일어날 수 있다는 말이기도 하다.

그러면 이 막을 통과하면 어떨까? 우리에게 이로울까 해로울까? 어쩌면 이 막의 통과는 우리에게 큰 불행일 수도 있다. 만약 성주괴공의 마지막 단계에서 이 막을 통과하면 바로 공으로 들어가니 우주가 소멸되는 것이다. 색에서 공으로 들어가기 때문이다.

그러면 이 막은 두터운가? 곧 통과할 수는 있으나 통과하기가 힘든가. 그렇다면 크게 걱정할 것 없다. 이는 우주가 오래 존재하고 아울러 우리 인간도 오래 살 것이기 때문이다.

그러나 불행히도 그렇지 않을 수도 있다. 쉽게 통과할 수도 있다. 아주 얇은 막이기 때문이다. 이는 곧 우주가 쉽게 소멸할 수도 있다는 이야기다. 위에 말한 성주괴공이 쉽게 일어날 수도 있다는 말이다.

그러나 너무 염려할 것 없다. 여기서 말하는 쉽게라는 말도 실은 수억, 수십억, 수백억 년을 뜻하고, 얇은 것 역시 수억, 수십억, 수백억 년을 뜻하기 때문이다.

한편 막 이론도 위에 말한 초 끈 이론처럼 다소 문제가 있다. 점을 0브레인, 끈을 1브레인, 막을 2브레인이라 한다면, 공간을 차지하지 않는 점이나 끈은 없기 때문이다. 초 끈 이론과 같이 가상과 현실을 혼용해서 만든 이론이란 말이다.

위에서 말했듯이 불교에서는 경계境界라는 말을 쓴다. 수행을 해서 경계를 넘어선다고 한다. 따라서 불교의 경계는 열려 있다. 수행에 따라 얼마든지 넘어설 수 있다.

어쩌면 이 경계란 말은 위에서 말한 얇은 막과 통할 수도 있다. 내용이 비슷하기 때문이다. 물론 현대과학이 색의 경계만 주로 관심을 갖은데 비해, 불교는 공의 경계만 주로 관심을 갖지만 말이다. 곧 색과 공만 다를 뿐 내용은 크게 다르지 않다는 말이다.

웜홀과 터널효과

현대과학은 웜홀worm hole, 곧 벌레 구멍을 이야기한다. 서로 다른 우주를 연결하는 통로라는 뜻이다. 그러면서 위험 요소가 상당히 많아 생명체가 실제로 통과하기는 어렵다고 한다.

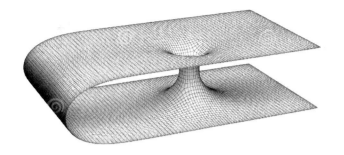

웜홀

당연히 비유적 표현인데 설명이 부족하다. 다중우주를 설명하는 것인지, 중첩우주를 설명하는 것인지 분명치 않다는 것이다. 곧 현재 우주에서 여러 은하가 공간적으로 겹친 것을 말하는지, 다른 차원의 우주가 누적적累積的으로 겹친 것을 말하는지 분명치 않다는 것이다.

만약 다중우주를 설명하는 것이라면 이는 현대과학적 이야기가 된다. 같은 공간에서 여러 은하나 우주가 겹친 것을 말하니, 곧 다른 은하나 우주로의 이동을 뜻하기 때문이다.

그러나 중첩우주로 보면 문제가 다르다. 이는 다른 차원의 우주, 예를 들면 성주괴공의 공空에서 성成으로 가는 방법을 설명하는 것이 될 수도 있기 때문이다. 곧 불교적 이야기가 된다.

벌레 구멍은 이 중 어느 것을 말할까? 두 번째 것을 말한다고 할 수 있다. 같은 공간에서 신비스런 통로를 상정할 필요가 없기 때문이다. 생명체가 실제로 통과하기 어렵다는 것도 그렇다.

호킹 박사도 이 견해를 취하는 것 같다. 그는 웜홀을 시공간을 통과하는 미세한 공간이라 하면서 길이가 10의 36승 분의 1cm라 한다. 극히 작아 중첩우주에만 나올 수 있는 개념이다. 그리고 만약 이 길이를 위에 말한 막의 두께로 보면 막이 정말로 극히 얇음을 알 수 있다.

따라서 웜홀은 위에 말한 단계, 곧 막의 통과 방법을 설명한 것이 된다. 그리고 그 통과의 어려움을 벌레 구멍에 비유했다. 이는 불교 성주괴공의 변천과 비슷한 견해이다.

또 현대과학은 터널효과(tunneling effect)라는 말도 쓴다. 입자(粒子, 알갱이)가 뉴턴Newton 역학力學으로는 통과할 수 없는 장애물을 통과하는 것을 말한다. 그런데 이 이론을 우주에 확장시켜 서로 다른 우주를 터널로 연결할 수 있다고 하는 것이다.(참조:『평행우주』, '용어해설')

이는 위에 말한 벌레 구멍과 비슷한 이론이다. 그러나 이것 역시 중첩우주와 다중우주를 구분하지 않고 있다. 역시 중첩우주를 뜻한다고 생각된다.

모공毛孔과 모도毛道

한편 불교에도 이와 비슷한 표현이 있다. 모공毛孔과 모도毛道가 그것이다. 우리말로는 털구멍, 털 길이다. 『화엄경』을 본다.

과거에 있었던 모든 국토가 하나의 털구멍 속에 모두 나타난다.

過去所有諸國土 一毛孔中皆示現.(80『화엄경』, 대정장 10책 6쪽 중8)

여기서 말한 털구멍(모공)은 위에 말한 단계나 막의 통과를 뜻한
다고 볼 수 있다. 물론 불교식으로는 경계다. 이 경계를 통과하면
과거에 있었던 모든 불국토가 모두 나타나는데, 이는 수행이 점점
더 깊어져 공에 가까워지면 모든 것을 관조한다는 뜻이다.

원효대사는 이를 거꾸로 말한다. 『대승육정참회大乘六情懺悔』를
본다.

(부처) 하나하나의 좋은 모습과 (부처) 하나하나의 털구멍은 가없
는 세계까지 두루하고 미래까지 다한다.
――相好 ――毛孔 遍無邊界 盡未來際.

모도毛道, 곧 털 길도 비슷하게 풀이된다. 역시『화엄경』을 본다.

일체의 세계가 하나의 털 길에 들어가고, 하나의 털 길이 일체의
세계에 들어간다.
一切世界入一毛道 一毛道入一切世界.(80『화엄경』, 대정장 10책
258쪽 중)

여기서 하나의 털 길(一毛道)이란 아주 작고 가느다란 길이란 뜻

이다. 그런데 이 길만 통과하면 일체의 세계가 나타나는 것이다. 이는 성주괴공에서 성주괴成住壞를 지나 공空에 들어간다는 뜻이다. 곧 색을 지나 공에 들어간다는 것과 같다.

따라서 위의 말들은 앞서 말한, 하나의 작은 먼지가 온 우주를 포함한다(一微塵中含十方), 서로 들어가고 서로 같다(相入相卽), 같은 것도 아니고 다른 것도 아니다(非一非異) 등과 모두 통하는 말이다.

또 이 말들은 현대과학에서 말하는 웜홀이나 터널효과와 같은 것으로도 볼 수 있다. 이렇게 보면 불교와 현대과학이 비슷하다. 신비스런 비유로 표현하고 있는 것까지 말이다.

위에서 비록 구멍, 터널, 털 길 등의 표현을 써서 거리감을 나타냈지만, 실제는 거리감이 거의 없다고 봐야할 것이다. 아주 얇기 때문이다.

두께의 역할

위에서 본 것처럼 공간의 두께는 매우 얇다. 그래서 불교에서는 거울의 면面에 비유하기도 한다. 두께가 분명히 있지만 그 크기는 말할 수 없을 정도라는 뜻이다.

공간에 두께가 있으면 어떤 현상이 일어날까? 서로 상반되는 두 상황이 동시에 존재할 수 있다. 예를 들어 양극 음극, 양자 전자, 나아가 있다 없다, 살았다 죽었다 등 전혀 상반되는 상황들이 같은 시간 같은 공간에 존재할 수 있다는 것이다.

그 예가 뒤에 말하는 물질 반물질, 고양이 역설 등의 이론인데 현대과학은 이를 규명하기 위해 최대의 노력을 기울이고 있다.

불교에서는 오래전부터 이 점을 인식하고 염정染淨, 동정動靜, 생사生死, 부처와 중생 같이 서로 상반된 견해들이 항상 동시에 존재한다고 이야기한다. 그 자리가 그 자리라고 하면서 말이다. 이는 공간의 두께를 인식했기 때문에 가능한 일이다.

고양이 역설

고양이 역설(cat paradox)은 상자 속의 고양이, 죽었지만 살아 있는 고양이 등으로 불리는데, 슈뢰딩거Schrodinger가 제시한 이론이다. 상자 속에 있는 고양이가 죽었는지 살았는지는 뚜껑을 열어봐야 안다는 것이다. 당연한 이야기 같지만 매우 깊은 뜻을 지니고 있다.

이의 본뜻은 전혀 상반되는 두 가지 성질이 같은 시간 같은 공간에 존재할 수 있다는 것이다. 상자 속이 같은 시간 같은 공간을 뜻하고, 죽었는지 살았는지가 전혀 상반되는 두 가지 성질을 뜻하기 때문이다. 통상 이런 일은 일어날 수가 없다. 죽었으면 죽은 것이고 살았으면 산 것이기 때문이다. 그러나 이런 일이 가능할 수도 있다는 이야기다.

최근(2012년) 어떤 과학자가 이를 증명해 노벨물리학상을 받았다. 와인랜드는 에너지가 바닥 상태도 아니고 들뜬 상태도 아닌 중첩된 상태를 만들었으며, 아로슈는 광자와 원자 사이에 중첩 상태가 생기게 했다.

미시세계에서는 모든 입자가 파동성波動性을 가져, 한 지점에만 있는 것이 아니라 일정한 공간 안에서는 동시에 여러 곳에 있을 수 있음을 증명한 것이다. 이로써 양자 컴퓨터, 해킹이 불가능한 양자 암호, 지금보다 100배 정확한 시계도 가능하다고 한다.(참조: 이영완 글, 조선일보 2012.10.10)

정확한 내용은 잘 모르지만 어쨌든 전혀 상반되는 두 가지 성질이 같은 시간 같은 공간에 실제로 존재케 한 것이다. 당연히 공간의 두께를 전제로 한 것인데 정말로 대단한 이론이다.

이 이론은 불교의 중첩우주와 통함은 물론, 공즉시색 색즉시공과도 통하는 이론이고, 중생이 부처, 원융과도 통하는 이론이다. 곧 두께를 전제로 한 모든 이론과 통하는 이론이다.

이 중 원융圓融은 마음과 물질(心色)의 융합으로도 볼 수 있다. 그런데 고양이 역설은 이 두 성질이 동시에 존재할 수 있음을 실제 증명했다. 곧 앞으로 원융도 실제로 증명될 수 있다는 이야기다.

불교가 마음 쪽에서 원융에 접근한다면 현대과학은 물질 쪽에서 접근한다고 할 수 있다. 만약 현대과학이 이 서로 상반되는 두 가지를 한 곳에 모아 조작할 수 있다면, 불교에서 추구하는 깨침이 연구실에서 이루어질 수도 있다는 이야기다. 물론 깊지는 않겠지만, 어쨌든 깨침도 인위적으로 조작할 수 있다는 이야기다.

7

우주의 물질

불교의 마음 중심

앞서 이야기한 것처럼 불교는 마음을 다루기 때문에 물질에 대해서는 깊은 견해가 없다. 따라서 견해도 일반적이고 종합적이다.

예를 들어 우리 몸을 사대화합四大和合으로 본다. 사대四大란 지수화풍地水火風, 곧 흙, 물, 불, 바람을 말하는데, 우리 몸이 이들로 구성되어 있다는 것이다.

물론 이는 비유다. 현대과학에서 말하듯 우리 몸은 탄소, 수소, 산소, 질소 등 수십 내지 수백 가지 원소들로 구성되어 있다. 그런데 이들을 지수화풍 4가지로 함축한 것이다.

우주를 보는 것도 그렇다. 우주를 투명하게 보아 바람, 향수, 보석 등으로 본다. 현대과학처럼 탄소, 수소, 산소, 질소 등으로 나누지도 않고 원자, 양자, 전자, 중성자, 소립자 등으로도 나누지 않는다. 질량, 밀도, 온도, 중력 같은 것은 더욱 고려하지 않는다. 이들에 대해서는 특별한 견해가 없다.

따라서 불교에서 물질에 대한 깊은 이치를 찾지 않는 것이 좋다. 그럼에도 불구하고 몇 가지 비교할 점이 있다.

인연과 4가지 기본력

물질 사이에는 어떤 힘이 작용한다. 곧 강력強力, 약력弱力, 중력重力, 자기력磁氣力이 그것인데 현대과학은 이를 자연의 4가지 기본력基本力이라 한다.

강력(strong force)은 서로 결합시키는 힘이고, 약력(weak force)은 서로 붕괴시키는 힘인데, 앞의 것은 강하고 뒤의 것은 약하다. 중력은 서로 당기는 힘이고, 자기력은 전자기의 힘이다. 이 외에도 인력引力과 척력斥力, 곧 끄는 힘과 미는 힘 등을 이야기한다.

말할 것도 없이 모두 물질에 관한 이론인데, 이들을 하나의 이론으로 통합시키는 것이 좋다. 이른바 통일장이론統一場理論인데 현대과학은 아직까지 이 이론을 제시하지 못하고 있다. 현대과학의 큰 과제이기도 하다.

한편 불교에서는 인연因緣을 이야기한다. 이는 물질과 생명체에 모두 해당되는 개념이고, 시간과 공간에 모두 해당되는 개념이다.

위에서 기세간器世間과 중생세간衆生世間, 곧 우주 자체와 생명체를 말했는데 이 모두에 해당되는 개념이며, 또한 시간적으로는 삼세(三世, 과거·현재·미래)에, 공간적으로는 삼계(三界, 무색계·색계·욕계)에 해당되는 개념이다.

인연은 당연히 현대과학의 4가지 기본력을 포함하고 중생들의 철학적, 종교적 견해까지도 포함한다. 이 중 현대과학은 앞의 것에 관심이 많고, 불교는 뒤의 것에 관심이 많다. 따라서 어찌 보면 불교는 물질에 관한 견해가 부족하고, 현대과학은 중생에 관한 견해가 부족하다고 할 수 있다.

향수와 암흑물질

위에서 말한 불교의 세계해世界海, 향수해香水海 등과 현대과학의 암흑에너지(暗黑energy) 암흑물질暗黑物質 등을 다시 한 번 살펴본다.

현대과학은 우주를 나누는 데 먼저 수소나 헬륨 같은 원소가 있는 부분과 그런 것이 없는 빈 터로 나눈다. 그러면 앞의 것이 보이는 부분으로 우주의 4퍼센트를 차지하고, 뒤의 것이 보이지 않는 부분으로 우주의 96퍼센트를 차지한다.

보이는 부분 4퍼센트를 다시 나누면 별, 은하 같은 천체天體와 이들 사이의 물질인 성간물질星間物質이 된다. 이때 천체는 우주 전체의 0.4퍼센트를 차지하고, 성간물질은 우주 전체의 3.6퍼센트를 차지해 도합 4퍼센트가 된다.

보이지 않는 부분, 곧 빈 터 96퍼센트를 다시 나누면 암흑에너지와 암흑물질이 된다. 그러면 암흑에너지가 우주의 73퍼센트를 차지하고, 암흑물질이 우주의 23퍼센트를 차지해 도합 96퍼센트가 된다. 이들이 우주의 대부분을 차지한다.(참조: 이시우 지음, 『붓다의 세계와 불교 우주관』, 218쪽).

이제 이를 위에 말한 불교의 세계해, 향수해 등과 비교해 보면 이렇게 된다.

곧 세계해는 에테르ether나 기氣 같은 것이 가득 차 있으니(?) 현대과학에서 말하는 암흑에너지가 된다. 또 향수해는 향수의 바다이니 암흑물질이 되고, 향수하는 향수가 구체화되어 흐르니 성간물질이 된다. 곧 서로 간의 견해가 비슷하다. 표현은 다르지만 말이다.

향수해와 암흑물질
불   교 : 세계해   〉향수해 〉향수하 〉세계종
현대과학 : 암흑에너지 〉암흑물질 〉성간물질 〉은하

중성미자, 힉스입자, 반물질

그러면 우주의 생성물질은 무엇인가? 현대과학은 이를 규명하기 위해 물질을 잘게 쪼갠다. 그래서 원자를 찾아냈고, 원자를 쪼개서 원자핵과 전자를 찾아냈으며, 다시 원자핵을 쪼개서 양성자와 중성자를 찾아냈고, 이번에는 양성자를 쪼개서 쿼크라는 소립

자를 찾아냈고, 중성자를 쪼개서 중성미자라는 소립자를 찾아냈다.

이 중성미자가 우주를 이루는 12개 기본입자의 하나라고 한다. 기본입자(基本粒子, fundamental particle)란 소립자素粒子라고도 하는데 더 이상 분해할 수 없는 상태의 입자를 말한다. 곧 눈으로 볼 수 있는 한계치의 물질이란 뜻이다.

이 중성미자(中性微子, neutrino)는 빅뱅 직후에도 나왔고 지금의 태양 핵분열 과정에도 나온다고 한다. 아주 작고 무게도 거의 없으며 전기도 띠지 않고, 거기다 다른 입자와 반응도 하지 않으면서 빛의 속도로 움직여서 다른 형태로 변하기도 한다. 그래서 어떤 물질도 걸림 없이 통과해 유령입자幽靈粒子로도 불린다.(참조: 이영완 글, 조선일보, 2012. 1. 1).

한편 힉스입자(Higgs 粒子)를 이야기한다. 힉스는 사람 이름인데, 최초의 질량(무게)을 가진 입자를 처음으로 생각해서 이를 무거운 입자라고 이름하자, 우리나라 이휘소 박사가 그의 이름을 따서 힉스입자라고 이름 붙여주었다. 이는 우주 생성을 설명하는 데 중요한 열쇠가 되어 신의 입자라고도 한다.

빅뱅 직후 12개의 기본입자와 4개의 매개입자가 있었는

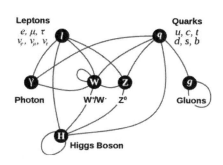

힉스입자

데 이들 모두 처음에는 질량이 없었다고 한다. 그런데 이들로 구성된 물질은 질량을 가졌다고 한다.

질량이 없으면 빛의 속도로 움직이지만 다른 물질과 반응도 하지 않아 우주만물이 만들어질 수 없다고 본다. 질량이 있어야 속도가 느려지고 다른 물질과 반응도 일으켜 물질이 만들어진다고 보는 것이다.

곧 질량이 없는 기본입자로 가득 찬 우주에, 질량이 있는 입자가 생겨나서 질량이 없는 기본입자가 빠지고 아울러 지금과 같은 우주가 만들어졌다고 보는 것이다. 이때 질량이 있는 입자를 힉스입자 곧 신의 입자라 한 것이다.(참조: 이길성 글, 조선일보, 2012.7.5)

또 물질과 반물질을 이야기한다. 물질은 그냥 우리가 아는 물질(物質, matter)이나 반물질(反物質, anti matter)은 물질과 반대되는 성질을 가진 물질이다.

원래 원자는 마이너스(-) 전기의 전자, 플러스(+) 전기의 양성자, 그리고 중성자로 이루어졌는데, 최근 이와 정반대되는 원자들 예를 들면 플러스(+) 전기의 양전자, 마이너스(-) 전기의 반양성자, 중성자와 흐름이 반대인 반중성자로 이루어진 원자가 발견된 것이다.

이 반물질은 137억 년 전 빅뱅 직후에는 물질과 같은 양으로 존재했는데, 어떤 이유에서인지 순식간에 사라지면서 지금과 같은 물질만 남았다는 것이다. 그래서 이 반물질을 우주 탄생의 실마리로 보는 것이다.(참조: 이영완 글, 조선일보, 2012.3.9).

그러면 이제 위에서 말한 중성미자가 과연 우주 생성 물질의 시발점일까? 그렇게는 생각되지 않는다. 비록 우주를 이루는 12개의 기본입자가 있다고 했지만, 그것은 지금의 과학수준으로 알아낸 결과라는 이야기다.

12개 외에도 또 다른 기본입자가 있을 수 있으며, 이 기본입자 앞에 더 기본이 되는 입자가 있을 수도 있다는 이야기다. 과학이 발달함에 따라 점점 더 많이 그리고 점점 더 깊이 밝혀질 수 있기 때문이다. 어쩌면 이런 상태가 계속 진행될 수도 있다.

또 위에서 말한 힉스입자도 정말 신의 입자라 할 수 있을까? 이것이 정말 질량을 가진 최초의 입자일까? 그렇게는 생각되지 않는다. 불교 쪽에서 보면 신神을 들먹일 만큼 대단한 것이 못 된다.

곧 힉스입자는 사람이 질량(무게)을 인지할 수 있는 최초의 물질에 불과하다는 것이다. 이 힉스 입자 앞에도 질량을 가진 입자가 얼마든지 있을 수 있다. 아니 어쩌면 모든 입자에 이미 질량이 부여되어 있을 수도 있다. 우리가 그것을 인지하고 인지하지 못하고는 상관없이 말이다.

단지 지금 수준으로는 이 힉스 입자부터 우리가 질량을 인지한다는 것뿐이다. 따라서 과학이 발달함에 따라 그 인지하는 정도도 더 깊어질 것이다. 곧 힉스 입자가 점점 더 작아져 힉스 아버지 입자, 힉스 할아버지 입자도 밝혀질 수 있다는 말이다. 우주 물질의 규명은 끝이 없다는 말이기도 하다. 적어도 지금 수준으로서는 말이다. 그리고 그동안 현대과학의 이론은 계속 틀려 나갈 것이다.

불교적 견해와 교류

이제 불교 쪽에서 본다. 앞서 이야기한 진여眞如와 무명無明을 다시 본다. 그러면 무명은 진여에서 나온다. 진여에서 나온 무명은 점점 더 발전한다. 무명이 발전할수록 진여는 점점 더 뒤로 숨는다. 그리하여 물질 단계가 되면 무명만 보이고 진여는 보이지 않는다. 물론 이 보이지 않는 진여를 찾는 것이 불교의 수행이다. 그리고 진여는 끝이 없지만 무명은 끝이 있다.

이제 진여를 공空이라 하고 무명을 색色이라 하면, 맨 위에는 공이 되고 맨 아래는 색이 된다. 이를 한 줄로 늘어세우면 위로 갈수록 공에 가깝고, 아래로 갈수록 색에 가깝다. 물론 우리 눈은 공으로 갈수록 잘 보지 못하고, 색으로 갈수록 잘 본다.

이것을 현대과학과 비교해 본다. 그러면 중성미자 등 기본입자는 이 단계 중 어느 단계를 점하는 것이 된다. 힉스입자도 그렇고 물질 반물질도 그렇다. 연구가 점점 깊어짐에 따라, 다시 말하면 점점 미세하게 관찰함에 따라 점점 공에 가까워진다. 그리고 그 과정은 끝이 없을 것이다.

무명은 물든 것이다. 물들었다(染)는 말은 물질적이라는 말도 된다. 이렇게 보면 무명은 당연히 질량이 있다. 우리의 인지 여부를 떠나서 말이다. 이는 곧 힉스입자가 질량을 가진 최초의 물질이 아닐 수도 있다는 뜻이다.

사실 위에서 말한 물질, 반물질은 대단한 견해다. 이를 무명과 진여로 대비해 보면 무명이 나타났을 때 진여가 숨는 것을 뜻하기 때문이다.

또 같은 양이 동시에 존재했다가 반물질이 갑자기 사라진다는 것은 불교의 4륜, 곧 공륜, 풍륜, 수륜, 금륜의 변천을 설명하는 것일 수도 있다. 이 중 특히 공륜에서 풍륜으로 넘어가는 단계, 곧 공에서 색으로 넘어가는 초기 단계를 설명하는 것이 될 수도 있다는 말이다. 만약 이 단계에 대한 설명이라면 정말 대단하다.

어쨌든 불교와 현대과학은 서로 부합되는 점이 많다. 용어와 접근 방법은 서로 다르지만 말이다. 앞으로 불교와 현대과학의 교류가 이루어져 상호 보완하면 좋은 결과가 나올지도 모른다.

진공에서 공에 이르기

현대과학에서 말하는 진공眞空에서 불교에서 말하는 공空에 이를 수는 없을까?

먼저 진짜 진공을 본다. 위에 말한 것처럼 진짜 진공은 균형이 붕괴된 상태로 무엇인가 있는 상태다. 현대과학은 물질을 쪼갠다. 그래서 위에 말한 것처럼 원자를 알아냈고, 전자와 원자핵을 알아냈으며, 중성자, 중성미자中性微子, 쿼크 메존(중간자) 등등을 알아냈다. 앞으로도 더 쪼개서 무엇인가를 또 알아낼 것이다.

그러면 이것으로 끝일까? 아닐 것이다. 계속해서 더 쪼개서 더 작은 것을 알아내고, 또 더 쪼개서 더 작은 것을 알아낼 것이다. 이렇게 한없이 쪼갤 것이다. 그러면 이 끝은 어디일까? 곧 쪼개고 쪼갠 것의 끝은 어디인가?

그래도 이는 진공眞空이다. 정확히 말하면 진짜 진공이다. 곧 아직도 물질 상태를 벗어나지 못한 것이다. 왜냐? 무엇인가를 보기 때문이다. 무엇인가를 본다는 것은 물질을 본다는 뜻이기 때문이다.

그런데 불교의 공은 물질과는 상관이 없다. 물질의 개념을 넘어서야 불교의 공이 보이기 때문이다. 따라서 진짜 진공을 통해서는 불교의 공에 이를 수가 없다. 곧 현대과학을 통해서는 불교 성주괴공의 공에 이를 수가 없다.

그러면 가짜 진공을 통하면 불교의 공에 이를 수 있을까? 그럴 수도 있을 것이다. 가짜 진공을 쪼개고 또 쪼개서 끝까지 쪼갠다면 불교의 공에 이를 수도 있을 것이기 때문이다. 이렇게만 된다면 선방禪房이 아닌, 실험실에서도 불교의 공에 들어갈 수 있다는 말이 된다.

그런데 문제는 현대과학이 가짜 진공에 들어갈 수 있느냐 하는 점이다. 현대과학은 눈에 보이지 않으면 연구가 안 되니까 말이다.

영원한 짝사랑

그러면 현대과학의 진공과 불교의 공이 만날 수는 없을까? 물론 지금은 어렵지만 미래 언젠가에 말이다. 과학이 점점 발전함에 따라서 말이다. 이는 힘든다고 생각된다. 불교가 현대과학이 따라 오도록 기다리지 않기 때문이다.

곧 현대과학이 가짜 진공에 들어가려 애쓰는 동안, 불교는 더 완벽한 공으로 달아나기 때문이다. 현대과학이 가짜 진공의 존재를 믿고 그것을 규명하려 애쓰는 사이, 불교는 절대적 공에 이른다는 말이다. 현대과학이 무너지는 공에서 무너지지 않는 공으로 들어갈 때 불교는 무너지지 않는 공의 꼭대기로 들어간다는 말이다.

이는 색과 공을 한 줄로 늘어세웠을 때 현대과학은 맨 아래 색에서 출발하나, 불교는 색이 끝나는 즈음인 공에서 출발하기 때문이다. 또 현대과학은 무너지는 공에서 출발하나, 불교는 무너지지 않는 공에서 출발하기 때문이다. 그리고 현대과학이 공으로 들어갈 수 있는지도 의문이지만, 불교가 색으로 내려올 리도 만무하기 때문이다

어쨌든 현대과학과 불교는 궁극적으로는 만날 수가 없다. 영원한 짝사랑일 뿐이다. 원효대사는 일찍이 이렇게 말했다.

모든 빛깔을 잘게 부수어 아주 작게 해도 영원히 얻을 수가 없다.
마음을 떠난 바깥에 생각할 만한 모습이 없다.

摧折諸色 乃至極微 永不可得 離心之外 無可念相.(『대승기신론소
별기』)

곧 물질을 통해서는 불교에서 말하는 공空에 이를 수 없다는 뜻
이다.

그러나 이 둘이 서로 만났으면 좋겠다. 그래서 불교의 성주괴공
이 현대과학으로 밝혀지고 중첩우주도 현대과학으로 밝혀졌으면
좋겠다. 현대과학도 대단하기 때문이다.

8

우주의 시종

① 우주의 종말

종교적 견해

우주의 시종始終이라 했지만 사실 우주의 종말終末이라 하는 것이 더 적절하다. 이제까지는 우주의 시작을 주로 이야기했기 때문에 이번에는 우주의 끝을 주로 이야기하기 때문이다.

성주괴공에서 괴겁壞劫을 우주의 종말로 보면 불교는 우주의 종말을 인정하는 것이 된다. 위에서 보았듯이 『구사론』에서 4겁을 이야기할 때 괴겁에서 결국 56번의 화재火災, 7번의 수재水災, 1번의 풍재風災로 삼선천三禪天 이하 모든 것이 파괴되기 때문이다.

그런데 『성경』에도 이와 비슷한 견해가 나온다. 「베드로후서」 제3장 10절에서 13절 사이에 나오는 내용이 그것이다.

주主의 날이 도적과 같이 오리니, 이날에는 하늘이 굉장한 소리로 사라질 것이며, 온갖 원소는 뜨거운 불로 인해 분해될 것이고, 땅과 그 안에 있는 인간의 모든 업적은 다 타버릴 것이다.

도적과 같이 온다는 것은 갑자기 온다는 것이다. 다소 무서운 이야기지만 불교의 괴겁과 크게 다를 바 없다. 불교의 견해를 단순화시킨 느낌마저 든다. 사실 불교나 기독교뿐만 아니라 대부분의 종교가 우주의 종말을 이야기한다.

특이점

현대과학도 우주의 종말을 인정하는 것 같다. 특이점, 블랙홀 등이 그렇기 때문이다.

특이점(特異點, singularity)은 특별히 달라지는 점이란 뜻인데 사람마다 이해하는 바가 다른 것 같다. 어떤 이는 빅뱅이 일어날 때 최초의 아주 작은 물체를 가리키는 것으로 이해하고, 또 어떤 이는 블랙홀에 나타나는 사건의 지평선(event horizon)을 뜻하는 것으로 이해하기 때문이다.

위에서 이야기했듯이 빅뱅은 대폭발이다. 따라서 처음에 아주 작은 물체가 있다. 이를 특이점이라 한다는 말이다.

또 블랙홀에는 어떤 물질도 빠져나오지 못하고 모두 빨려 들어가는 지점, 곧 사건의 지평선이 있는데 이를 특이점이라 한다는 말이다.

그러면 특이점을 어느 것으로 보는 것이 옳을까? 여기서는 후자로 본다. 곧 사건의 지평선으로 본다. 그리고 이를 또 둘로 나눈다. 좁게 보는 것과 넓게 보는 것이다.

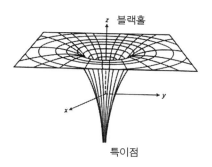

사건의 지평선을 좁게 보면 이는 어느 특정한 별이나 은하 또는 부분 우주의 소멸현상을 뜻하는 것이 된다. 이때는 블랙홀의 규모도 작고 국지적이다.

그러나 이를 크게 보면 우주 전반적 현상이 된다. 이때는 블랙홀의 규모가 커서 우주에 전반적으로 나타나 우주의 소멸을 뜻한다. 이를 특히 슈퍼 블랙홀super black hole이라 하는데, 뒤에 말하는 퀘이사quasar와 관련된다.

최근 천문학자들은 블랙홀에 빠져 있는 느낌이 든다. 그러나 좁게 봐서, 별이나 은하나 부분 우주의 소멸로 보면 이들의 소멸 방법에 블랙홀만이 있는 것이 아닐 것이다. 이 외에도 여러 가지 방법이 있을 것이다. 예를 들어 별이나 은하의 충돌, 폭발, 붕괴, 점진적 소멸 등등 말이다.

또 어쩌면 이 우주에는 우리가 전혀 예측하지 못하는 아주 별난 소멸 방법도 있을 수 있을 것이다. 따라서 블랙홀에 너무 집착하다 보면 나머지 현상들은 놓칠 수 있다.

블랙홀과 화이트홀

블랙홀black hole 뒷면이 화이트홀white hole이다. 곧 빨려 들어가는 곳이 있으면 뱉어져 나오는 곳도 있을 것이다. 이를 화이트홀이라 하는데 블랙홀과 양면을 이룬다. 동전의 양면과 같이 말이다.

그런데 이 화이트white는 참 의미심장한 말이다. 단순히 희다는 말이라면 블랙(black), 곧 검다에 대비되는 말로서 별것 아니지만, 현대과학에서 말하는 진공이나 불교에서 말하는 공을 염두에 두고 썼다면 대단한 뜻이란 말이다.

만약 희다가 현대과학의 "진짜 진공"을 뜻한다면 이는 화이트홀이 어느 별이나 은하의 현실적 소멸을 뜻하는 것이 된다. 이때는 어떤 형태로든지 물질이 존재한다.

그러나 만약 희다가 현대과학의 "가짜 진공"을 뜻한다면 이는 화이트홀이 어느 별이나 은하의 근본적 소멸을 뜻하는 것이 된다. 곧 어느 별이나 은하가 소멸해서 불교에서 말하는 공에 이르는 것을 뜻하니, 이때는 물질의 개념이 존재하지 않는다.

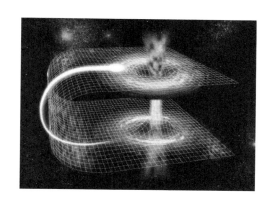

블랙홀과 화이트홀

더욱이 희다를 우주 전반적 현상으로 보면 이는 불교 성주괴공의 공을 뜻할 수도 있다. 곧 우주가 공으로 들어감을 뜻하니, 우주의 소멸을 뜻한다는 말이다.

이때의 화이트홀을 특히 슈퍼 화이트홀super white hole이라 하는데, 이는 위에 말한 슈퍼 블랙홀에 대응하는 개념이다. 물론 이런 일이 있어서는 안 될 것이다.

퀘이사와 대 붕괴

위에서 성주괴공을 이야기할 때 괴겁壞劫에 대삼재大三災가 일어난다고 했다. 곧 수십 개의 해(日)가 연달아 나타나 56번의 화재가 일어나고, 뒤이어 7번의 수재가 일어나며, 그 후 1번의 풍재가 일어나 우주가 소멸한다고 말이다.

이때 화재를 물질로 보면 금륜金輪에 속하고, 수재는 수륜水輪에 속하며, 풍재는 풍륜風輪에 속한다. 곧 금륜 → 수륜 → 풍륜 순으로 소멸하는 것이다. 성주괴공의 소멸과 같은 순서다.

위에서 사건의 지평선을 크게 보면 우주적 현상이 된다고 했다. 곧 불교 성주괴공의 순환 과정에서 공으로 들어가는 과정, 다시 말하면 우주가 무너져서 비어지는 과정을 말한다고 말이다. 이를 슈퍼 블랙홀이라 했다.

그런데 현대과학에 퀘이사quasar라는 말이 있다. 학자마다 설명이 다소 다르나, 블랙홀이 주변 물질을 빨아들인 에너지로 형성된 거대한 발광체라고 한다. 준성체準星體라고도 하는데, 행성行星과 비슷하다는 뜻이다. 어쨌든 블랙홀과 관련된다.

이 퀘이사를 만약 위에서 말한 괴겁의 대삼재와 연결시키면 어떻게 될까? 불행히도 엄청난 사건이 될 수 있다. 우주 전반에 나타나는 퀘이사를 대삼재의 수십 개의 해로 해석하면, 우주에 폭발이 만연해 전반적으로 우주가 소멸하는 현상을 나타낼 수도 있기 때문이다.

위에서 말한 슈퍼 블랙홀과 슈퍼 화이트홀이 동시에 일어나는 현상이기도 하고, 또 불교에서 말하는 성주괴공에서 공으로 들어가는 현상이기도 하다.

이 점에 대해서는 불교와 현대과학의 견해가 같다. 그래서 이때를 빅 크런치big crunch, 곧 대붕괴라 한다. 말 그대로 우주가 붕괴되는 것이다. 끔찍한 일이지만 말이다.

② 우주의 증감

현대과학의 견해: 팽창

우주는 늘어나는가? 줄어드는가? 아니면 그대로 있는가? 앞의 것이 팽창우주론, 중간 것이 수축우주론, 뒤의 것이 정상우주론이다.

팽창우주론은 우주가 늘어난다는 것이고, 수축우주론은 우주가 줄어든다는 것이며, 정상우주론은 우주가 늘지도 않고 줄지도 않고 그대로 있다는 것이다. 물론 현대과학의 견해이다.

이 중 현대과학은 대체로 팽창우주론을 받아들인다. 곧 우주는 계속 팽창한다는 것이다. 그러나 여기에도 앞서 빅뱅에서 이야기한 것과 같은 문제가 제기된다.

만약 우주가 계속 팽창한다면 어디로 팽창하는가? 팽창해 나갈 공간이 애초부터 있어야 하는데 이 공간은 어떻게 해서 생겼으며, 언제부터 있었는가? 쉽게 이해가 되지 않는다.

그러나 빅뱅에서와 같이 만약 우주의 팽창이 말 그대로 우주 전반적 현상이 아니라 지금 우리가 속해 있는 부분 우주의 현상이라면 이해가 간다. 기존에 있는 더 넓은 공간으로 우주가 팽창해나가기 때문이다.

또 최초 성주괴공에서의 우주 팽창이 아니라 그 이후 성주괴공에서의 우주 팽창이라 해도 이해가 간다. 기존에 무엇이 있어서 그곳으로 팽창하는 것이기 때문이다.

그러나 맨 처음은 이해가 되지 않는다. 최초 성주괴공에서의 팽창 말이다. 결국 현대과학의 팽창이론도 맨 처음은 설명하지 못한다.

불교의 견해: 불변

그렇다면 불교의 견해는 어떤가? 불교는 이 문제를 명쾌히 풀고 있는가? 석가의 견해를 들어본다. 『디가니까야』에서는 이렇게 말했다.

> 세계가 수축하는 여러 겁, 세계가 팽창하는 여러 겁, 세계가 수축하고 팽창하는 여러 겁을 기억한다. …… 나는 과거를 아나니 세상은 수축하고 팽창했다. 나는 미래도 아나니 세상은 수축하고 팽창할 것이다.(참조: 각묵 역, 『디가니까야』 3, 초기불전연구원, 2006, D25 105쪽; D28 204쪽).

곧 우주가 수축하기도 하고 팽창하기도 한다는 말이다. 이른바 현대과학에서 말하는 진동우주론振動宇宙論에 해당된다. 팽창과 수축이 결합된 형태가 진동우주론이기 때문이다. 우주는 이와 같이 수축과 팽창을 반복한다는 말이다.(참조: 이시우 지음, 『붓다의 세계와 불교 우주관』, 228쪽)

그러나 신라 명효 스님은 『해인삼매론』에서 이렇게 말한다.

작은 먼지 하나도 넓고 크게 하지 못하니, 모든 세계 본 모습은
항상 그대로이기 때문이다.

不令一塵增曠大 諸刹本相恆如故.

이는 정상우주를 뜻한다고 생각된다. 작은 먼지 하나도 넓어지
거나 커지지 아니하며, 모든 세계의 본 모습은 변함없다고 하기 때
문이다. 그런데 불행히도 명효 스님은 이 노래를 풀이하지 아니했
다. 따라서 정확한 뜻은 모른다.

그러나 위에 말한 이론들은 모두 선뜻 이해가 되지 않는다. 늘어
난다면 어디로 늘어나고, 줄어든다면 어디로 줄어들며, 그대로 있
다면 그 바깥은 무엇인가 하는 물음 때문이다.

또 불교에서는 부증불감不增不減이란 말을 쓴다. 곧 늘지도 않고
줄지도 않는다는 말이다. 그렇다면 그대로 있다는 말인가? 그것도
아니다. 그대로 있다는 것 자체가 이미 움직임이기 때문이다.

따라서 불교의 부증불감은 위의 세 가지 뜻을 모두 포함하는 개
념이다. 본디부터 텅 비어서 늘어난다, 줄어든다, 그대로 있다 등등
의 말이 통하지 않는 상태를 말한다. 당연히 끝이다, 중심이다 하는
개념도 상정하지 않는다.

그렇다면 어떻다는 말인가? 이해가 되지 않는다. 이런 현상을 말
로 표현할 수가 없다는 뜻이다. 왜냐? 여기에 해당되는 말이 없기
때문이다. 따라서 우리는 우주를 이해하지고 못하고 설명하지도

못한다. 그러나 이해하고 설명하고 싶다.

③ 우주의 끝

우주는 영원한가?

우주는 영원한가? 아니면 우주는 시종始終이 있는가? 그러나 현대과학은 말할 것도 없고, 불교도 이에 대해 명확한 답을 내놓지 못한다. 어찌 보면 교묘히 얼버무리는 느낌이다(?)

위에서 우주는 성주괴공을 무한히 반복한다고 했다. 그러면 이것이 우주가 영원하다는 말인가? 불행히도 이에 대해 석가는 부정적이다. 그러면 이것이 우주가 영원하지 않다는 말인가? 이에 대해서도 석가는 역시 부정적이다. 『장아함경長阿含經』「세기경世紀經」'용조품龍鳥品'에 나오는 석가의 말을 들어본다.

〈어떤 수행자들은 다음과 같은 주장과 다음과 같은 견해를 가지고 있다.〉

나와 우주는 영원하다. 이것이 진실이고 다른 것은 거짓이다.

나와 우주는 영원하지 않다. 이것이 진실이고 다른 것은 거짓이다.

나와 우주는 영원하기도 하고 영원하지 않기도 하다. 이것이 진실이고 다른 것은 거짓이다.

나와 우주는 영원한 것도 아니고 영원하지 않은 것도 아니다. 이것이 진실이고 다른 것은 거짓이다. …… 이와 같은 것들은 그의 마음속에 내가 있다는 견해, 목숨이 있다는 견해, 몸이 있다는 견해, 우주가 있다는 견해이다. 〈그러므로 잘못된 견해이다〉

我世間有常 此實餘虛 我及世間無常 此實餘虛 我世間有常無常 此實餘虛 我世間非有常非無常 此實餘虛…… 彼於行有我見命見身見世間見.(『장아함경』「세기경」, 대정장 1책 128쪽 상19 이하)

곧 석가는 우주의 영원성이나 한시성限時性 모두를 부정한다. 그렇다면 어떻다는 것인가? 우주는 영원하기도 하고 영원하지 않기도 하다는 것인가? 아니면 우주는 영원한 것도 아니고 영원하지 않은 것도 아니라는 것인가? 그리고 이 말들이 무슨 뜻인가? 이것도 저것도 아니니 말이다.

이해가 되지 않는다. 그러나 이 말들도 부정된다. 그렇다면 어떤 말이어야 되는가? 이 말들을 모두 포함하는 말이어야 한다. 그런데 우리에게는 이런 말이 없다. 따라서 석가도 더 이상 설명하지 않는다.

우주의 끝은 있는가?

그러면 우주의 끝은 있는가? 위에 말한 우주의 증감과 상통하는 말인데, 곧 우주의 바깥은 있는가 하는 것이다. 있다면 그곳이 어디이고 어떻게 생겼는가?

이에 대해 현대과학은 답을 내놓지 못한다. 우주가 팽창한다는 것만 조심스레 주장할 뿐이다. 그러면 불교는 명확한 답을 내놓는 가? 역시 그렇지 못하다. 위에 인용한『장아함경』「세기경」'용조 품'을 다시 본다.

〈어떤 수행자들은 다음과 같은 주장과 다음과 같은 견해를 가지 고 있다.〉

나와 우주는 끝이 있다. 이것을 진실이고 다른 것은 거짓이다.

나와 우주는 끝이 없다. 이것을 진실이고 다른 것은 거짓이다.

나와 우주는 끝이 있기도 하고 끝이 없기도 하다. 이것을 진실이 고 다른 것은 거짓이다.

나와 우주는 끝이 있는 것도 아니고 끝이 없는 것도 아니다. 이것 을 진실이고 다른 것은 거짓이다.

…… 이와 같은 것들은 그의 마음속에 내가 있다는 견해, 목숨이 있다는 견해, 몸이 있다는 견해, 우주가 있다는 견해이다. 〈그러므 로 잘못된 견해이다〉

我世間有邊 此實餘虛 我世間無邊 此實餘虛 我世間有邊無邊 此實 餘虛 我世間非有邊非無邊 此實餘虛…… 彼於行有我見命見身見世 間見.(『장아함경』「세기경」, 대정장 1책 128쪽 상22 이하)

석가는 위에서와 같이 우주의 끝이 있다, 없다 모두를 부정한다. 이와 같은 내용은『중아함경中阿含經』「전유경箭喩經」에도 나온다.

옛날 만동자鬘童子라는 사람이 이 문제에 대해 작심하고 부처님께 여쭈었다. 내용을 간추리면 이렇다.

우주는 시간적으로 끝이 있습니까, 없습니까?
우주는 공간적으로 끝이 있습니까, 없습니까?

이 외에도 생명과 육신의 동일성 여부, 죽은 후에 부처의 존재 여부 등 모두 14가지를 함께 물었다. 이에 대해 석가의 근본 뜻은 이렇다.

나는 〈시간의 유한 무한, 공간의 유한 무한 등〉 이런 것에 대해서는 한결같이 이야기하지 않겠다. 我不一向說此.(『중아함경』 제60권, 대정장 1책 805쪽 상17)

곧 위에 말한 시간의 유한 무한, 공간의 유한 무한 등에 대해서는 일체 말하지 않겠다는 것이다. 흔히 이를 14무기無記라 하는데 14가지 말하지 않는 것이란 뜻이다.

사실 만동자가 여쭈어본 것은 어찌 보면 우리 인간이 꼭 알고 싶어 하는 것일 수도 있다. 그런데 석가는 이를 교묘히(?) 피했다.

만약 독화살을 맞았다면 빨리 화살을 빼내고 살 궁리를 해야지 화살은 빼내지도 않고, 화살은 누가 만들었는가? 무엇으로 만들었는가? 왜 만들었는가? 어디서 날아왔는가? 왜 쏘았는가? 등등에 대해서만 알고자 한다는 것과 비슷하다면서 말이다. 그래서 화살에 비유한 경, 곧 전유경箭喩經이다.

짧은 인생을 가지고 열심히 수행해서 깨침을 얻어 생사를 벗어나는 것이 중요하지, 그렇지 아니하고 우주의 끝이 있는가 없는가, 우주의 처음은 어떤가 등등을 알아서 무슨 소용이 있겠냐는 뜻이다. 맞는 말이지만 그래도 우리는 우주에 대해 알고 싶어 한다.

말할 수 없는 것

그러면 석가가 진실로 설명하지 않은 이유는 무엇일까? 왜 한결같이 이야기하지 않겠다고 했을까? 이는 설명할 수가 없기 때문이다.

모르는 것이 아니라, 알지만 말로 표현할 수가 없다는 뜻이다. 우주의 영원성, 우주의 끝, 우주의 모습, 우주의 증감, 그리고 뒤에 말하는 만물의 있고 없음, 우주의 방향 등등 말이다.

앞서 석가가 화엄장엄세계를 직접 설명하지 않고 보현보살로 하여금 보게 한 후 그로 하여금 설명케 했다고 했다. 그리고 보현보살의 설명이 미진하다고 했다. 이는 석가가 직접 설명해도 마찬가지다. 역시 미진하게 된다.

그 이유는 무엇일까? 지금 우리가 쓰는 언어의 한계성 때문이고, 우리 이해의 한계성 때문이다. 지금 우리가 쓰는 언어는 모두 일정한 범위나 한계를 가지고 있다. 이런 융통성 없는 언어로는 범위나 한계를 가지지 않는 상황을 설명할 수가 없다.

여기에 우리 이해의 한계성까지 겹쳐지니 아무리 석가가 설명을 잘 해도 우리는 알아듣지 못한다. 이에 부처는 숫제 이야기하지 않겠다며 입을 다문 것이다. 보현보살처럼 확인만 시키고서 말이다. 「전유경」에서는 또 말한다.

나는 말할 수 없는 것은 말하지 않는다. 말할 수 있는 것만 말한다.
不可說者則不說 可說者則說.(『중아함경』 제60권, 대정장 1책 805쪽
하6)

이와 같이 석가는 말할 수 없는 것은 말하지 않는다고 분명히 말하고 있다. 그리고는 말할 수 있는 것만 말했다.

여기서 말할 수 없는 것이란 당연히 우주의 끝, 우주의 영원성 등이고, 말할 수 있는 것이란 당연히 우리가 알아들을 수 있는 사성제 四聖諦니 팔정도八正道 같은 불교 이론들이다. 이에 석가는 계속 알아들을 수 있는 것만 말씀하셨다.

만물은 있는가?

그러면 만물은 있는가? 우주 삼라만상이 있는가? 지금 우리가 있다고 생각하는 것들이 실제로 있는 것인가? 이에 대해 석가는

이렇게 말한다.

모든 것이 존재한다는 것, 이는 하나의 독단이다.
모든 것이 존재하지 않는다는 것, 이것 또한 독단이다.
어떤 독단에도 치우치지 않고 석가는 중도에 의해 법을 설한다.
(참조: 성열 지음, 『붓다 다르마』, 문화문고, 2010, 74쪽 ; 『Samytta
Nikya』 II. 12쪽)

곧 석가는 존재의 있다 없다(유무)를 모두 인정하지 않는다. 있다
없다 자체를 이야기하지 않는다. 원효대사는 이 둘을 묶어서 이야
기한다.

있는 것도 아니고 없는 것도 아니다. 非有非無.(『대승기신론소별기』)

곧 있다고도 할 수 없고, 없다고도 할 수 없다는 말이다. 신라 표
훈대사表訓大師도 「5관석五觀釋」에서 이렇게 말했다.

모든 것의 있고 없음(제법무유)이 본디 같은 것이고, 있고 없는 모
든 것(유무제법)이 본디 다른 것이 아니다. 있을 때도 있는 것이
아니니 도리어 없는 것과 같고, 없을 때도 없는 것이 아니니 도리
어 있는 것과 같다.

諸法有無元來一 有無諸法本無二 有時非有還同無 無時非無還同
有.(참조: 이기영)

곧 있다 없다(유무)를 구분할 수 없다는 뜻이다. 있다 없다를 말
할 수 없다는 뜻이다.

위에서 공과 색을 이야기했다. 이때 공空을 기준하면 없다. 그러
나 색色을 기준하면 있다. 이 둘 중 어느 것이 중요한가? 똑같다. 어
느 것이 더 중요한가를 따질 수 없다. 그래서 있는 것도 아니고 없
는 것도 아니라 했다.

원효의 견해

원효의 견해를 다시 본다. 원효의 근본 정신 하나가 '불가설
가설不可說可說'이다. 곧 말할 수 없지만 끝까지 말해 보겠다는 것
이다.

물론 위에서 본 것처럼 도저히 설명할 수 없는 것은 그도 설명을
피했다. 무명의 움직이는 모습은 아주 깊고 은밀해서 오직 부처만
이 알아볼 수 있다고 한 것처럼 말이다. 그러나 그는 할 수 있는 데
까지 말로 풀이했다. 그래서 200여 권의 저술을 남겼다.

원효는 일단 서로 상반되는 말들을 아우르려는 자세를 취했다.
곧 있다 없다, 그렇다 아니다, 크다 작다 등 전혀 상반되는 말들을
아우르기 위해 무척 노력했다. 이것이 위에 말한 같은 것도 아니고

다른 것도 아니다(非一非異)라는 말이다.『대승기신론소별기』 앞부분에 나오는 원효의 풀이를 본다.

크다고 말하려도 하니 속이 없는 〈아주 작은〉것에 들어가도 남는 것이 없고,

작다고 말하려고 하니 겉이 없는 〈아주 큰〉것을 둘러싸도 여유가 있다.

그것을 있다에 이끌어대려 하니 참 진리가 그것을 이용하여 텅 비어졌고,

그것을 없다에 붙여보려 하니 만물이 그것을 타고서 생겨나는 것이다.

그것을 뭐라고 해야 할지 몰라 억지로 이름 붙여 큰 수레(대승)라 말해 본 것뿐이다.

欲言大矣 入無內而莫遺 欲言微矣 苞無外而有餘
引之於有 一如用之而空 獲之於無 萬物乘之而生
不知何以言之 强號之謂大乘.(『대승기신론소별기』)

또『화엄경소華嚴經疏』 서문에서 원효는 이렇게 말한다.

크지 않기 때문에 아주 작은 것에도 남김없이 들어가고,
작지 않기 때문에 아주 큰 것도 능히 받아들인다.

빠르지 않기 때문에 능히 삼세의 한량없는 시간을 포함하고,

느리지 않기 때문에 전체를 들어서 한 순간에 들어간다.

움직임도 아니고 조용함도 아니기 때문에,

삶 죽음이 열반이 되고, 열반이 삶 죽음이 되며

하나도 아니고 여럿도 아니기 때문에,

하나의 법이 모든 법이 되며, 모든 법이 하나의 법이 된다.

由非大故作極微而無遺 由非小故爲大虛而有餘

非促之故能含三世劫波 非奢之故能擧體入一刹

不動不靜故 生死爲涅槃 涅槃爲生死

不一不多故 一法是一切 一切法是一 (원효, 『화엄경소』 서문 일부)

　이들 모두 말로 풀이할 수 없는 것임을 알면서도 어떻게든 말로
풀이해 본 흔적들이다. 어쩌면 우리 같이 우매한 사람들을 위해 구
태여 풀이했는지도 모른다. 말로서나마 이해해 보라고.

　위에서 석가는 말할 수 없는 것은 말하지 않는다고 했다. 하지만
이 말을 거꾸로 보면 끝까지 풀이해 보겠다는 뜻이기도 하다. 그는
깨치고 나서 죽을 때까지 무려 45년간이나 쉬지 않고 설법했기 때
문이다. 그리고 그 속에 말로 표현할 수 없는 내용들이 없을 수가
없기 때문이다. 우주의 시종, 우주의 종말 등등 말이다.

　다만 지금 우리가 이해하지 못할 뿐이다. 그가 말한 불가설불설
不可說不說, 곧 말할 수 없는 것은 말하지 않는다는 것은 방편이다.

불가설가설, 곧 말할 수 없지만 끝까지 말한다가 그의 본뜻이다. 그리고 우리는 그의 본뜻을 알고 싶어 한다.

④ 우주의 방위

방위와 방향

우리는 동서남북이란 말을 쓴다. 이는 당연히 방위를 나타내는 말인데 북극성과 태양, 지구 등의 상관관계를 고려해서 만든 말이다.

원래 지구에는 동서가 없다. 계속 회전하는 둥근 물체에 동서라는 개념이 적용될 수가 없기 때문이다. 필요에 의해 위도緯度, 영도를 기준해서 동서라는 개념을 인위적으로 만든 것뿐이다. 남북도 마찬가지다. 회전하는 물체의 아래위를 남북이라 한 것뿐이다.

그러면 우주에도 이와 같은 동서남북과 같은 방위 개념이 있을까? 없다. 아니 있는지 없는지 잘 모른다. 우주 전체의 모습을 잘 모르기 때문이다. 그에 따라 동서남북을 정할 기준점, 중심점도 모른다. 따라서 지금 우리가 쓰고 있는 동서남북은 지구에 고유한 것이라 할 수 있다.

불교에서는 시방十方이란 말을 쓴다. 사방팔방四方八方과 상하上下를 말한다. 또 6방六方, 8방八方 등의 말도 쓴다. 이는 방위를 뜻한다.

그러면 이 말이 우주에 방위가 있다는 말인가? 그렇지 않다. 우주에 방위가 있다는 것은 우주에 중심과 끝이 있다는 말도 되기 때

문이다. 따라서 시방 등은 사람이 인위적으로 만든 것으로 국지적
局地的 현상을 나타낸 것이다.

　『장아함경』에 선생장자善生長子가 동서남북과 상하에 절하는 것
을 보고 석가가 말한 것이 있다.

　방위라는 이름이 있을 뿐이다. 아주 없는 것은 아니지만. 그러나
우리 부처 법에서는 그 6방위를 공경하는 것을 예의로 여기지 않
는다.
有此方名耳 非爲不有 然我賢聖法中 非禮此方以爲恭敬.
(참조: 김월운 번역,『장아함경』2, 동국역경원, 27쪽 ;『장아함경』「선
생경」, 대정장 1책 70쪽 중4)

　그리고는 아래에서 또 말한다.

　부모가 동방이고, 스승이 남방이며, 아내가 서방이고, 친척이 북
방이며, 하인이 하방이고, 수행자가 상방이다.
父母爲東方 師長爲南方 妻婦爲西方 親黨爲北方 僮僕爲下方 沙門
婆羅門諸高行者爲上方.(참조: 김월운 번역,『장아함경』2, 동국역경
원, 41쪽 ;『장아함경』「선생경」, 대정장 1책 71쪽 하5)

　곧 우주에는 방위가 없다는 말이다. 방위가 없으므로 방향도 없다.

앞서 우리 은하는 오른쪽으로 회전한다고 했다. 그러면 그 오른쪽이 정해진 것인가? 아니다. 이것도 인위적으로 정한 것으로 상대적 개념이다. 만약 반대쪽에서 보면 거꾸로 왼쪽으로 회전하게 된다.

또 앞서 우주의 모습은 연꽃이라 했다. 그러면 이는 어디서 본 것일까? 바로 공空에서 본 것이다. 앞뒤, 좌우, 상하 같은 차원에서 본 것이 아니라 공의 차원에서 색을 본 것이다. 그래서 우주가 연꽃처럼 둥글게 보인 것이다.

▌우주는 그냥 그대로다

그렇다면 우주를 어떻게 말해야 하는가. 견해들이 서로 상충되니 말이다. 참으로 중생다운 고집이다. 석가가 분명히 말할 수 없다고 했는데도 구태여 말로 표현하려 하기 때문이다. 이에 대해 그대로(如如)라는 말을 등장시킨다. 곧 우주는 그냥 그대로다.

우주의 시작과 끝(始終), 우주의 중심과 가(中邊), 우주의 있고 없음(有無) 등을 잘 모르기 때문에 궁여지책으로 쓴다는 말이다. 위의 물음들을 얼버무리기 위해 쓰는 말이기도 하다.

우주의 영원성(유무한)을 이야기할 수 없기 때문에
그냥 그대로라 한다.
우주의 시작과 끝(시종)을 이야기할 수 없기 때문에

그냥 그대로라 한다.

우주의 중심과 가(중변)를 이야기할 수 없기 때문에

그냥 그대로라 한다.

우주의 있고 없고(유무)를 이야기할 수 없기 때문에

그냥 그대로라 한다.

우주의 늘고 줆(증감)을 이야기할 수 없기 때문에

그냥 그대로라 한다.

이와 같이 그냥 그대로라는 말로 적당히 얼버무린다. 그러나 위와 같은 말들을 누군가 풀이해 주고 설명해 주었으면 좋겠다. 생각으로 이해해 보고 머리로 이해해 보고 싶다. 그렇다면 그는 정말로 위대한 스승이 될 것이다.

⑤ 시간

시간은 변화를 뜻함

시간時間은 무엇인가. 시간에 대해서는 여러 사람들이 이야기한다. 따라서 설명도 제각각이었다. 그 중 휠러(John Wheeler)는 이렇게 말한다.

시간은 자연이 모든 사물의 변화를 나타내기 위해 채택된 방법이다.(참조:『우주의 구조』, 324쪽).

곧 시간은 만들어진 말이란 뜻이다. 본디부터 있는 것, 불변인 것, 절대적인 것이 아니라, 만들어진 것, 변하는 것, 상대적인 것이란 말이다. 또 위의 책에서 말한다.

시간과 공간은 견고하게 고정되어 있지 않으며 주어진 조건에 따라 고무처럼 휠 수 있다.(참조:『우주의 구조』, 330쪽).

역시 시간이 상대적임을 말하는 것이다. 따라서 이제 나름대로 시간을 정의하면 이렇다. 곧 공간에서의 변화를 나타내는 말이 시간이라고.

사람이 태어나서 늙어가는 것을 나타내는 말이 시간이고, 만물이 나타나서 없어지는 것을 나타내는 말이 시간이며, 우주가 생성해서 소멸하는 것을 나타내는 말이 시간이라고. 따라서 변화가 없으면 시간은 없다.

『미린다왕문경王問經』에서 나선비구那先比丘가 말했다.

죽어서 다른 곳에 다시 태어나지 않을 사람에게는 시간은 존재하지 않습니다.(참조: 박달순 등,『불교와 자연과학』, 집문당, 1992, 119쪽).

이는 변화가 없으면 시간이 없다는 뜻이다. 여기서 다른 곳에 다시 태어나지 않는다는 것은 중생으로 다시 태어나지 않는다는 것으로, 절대적인 공에 들어간다는 말이다. 여기서는 움직임이 없다. 따라서 시간이 없다.

시간은 변화를 나타내는 말이기 때문에 공간을 전제로 한다. 공간이 없으면 시간은 없다. 따라서 시간은 공간에 포함되는 개념이다. 공간이 앞선다. 우리는 흔히 시공時空이라 해서 시간을 앞세우는데 이는 잘못이다. 공간이 앞서야 한다. 영어는 스페이스타임 spacetime이라 해서 공간을 앞세운다.

영원과 찰나

그러면 변화가 없는 상태를 무엇이라 해야 하는가? 시간이 없다고 해야 하는가? 시간이 무한하다, 시간이 영원하다고 해야 하는가?

불교의 공空은 텅 빈 곳이다. 일체의 변화가 없는 곳이다. 변화가 없기 때문에 시간이란 개념이 존재하지 않는다. 따라서 이를 시간이 없다라고 말할 수 있다.

그러나 이는 달리 시간이 무한하다, 시간이 영원하다라고도 말할 수 있다. 곧 시간이 없다는 것과 시간이 무한하다는 것은 서로 통한다.

그러면 이번에는 무한하다, 영원하다라는 말을 한 순간이다, 한

찰나이다, 한 생각이다 등등으로 말할 수는 없는가? 그렇게도 말할 수 있다. 의상대사는 「법성게」에서 이렇게 말한다.

한량없는 시간이 곧 한 생각이고, 한 생각이 곧 한량없는 시간 이다.
無量遠劫卽一念 一念卽是無量劫.

또 신라 명효 스님은 『해인삼매론』에서 이렇게 말한다.

한량없고 수 없고 넓고 긴 시간도, 한 생각일 뿐임을 슬기로운 이 는 잘 안다.
한 생각도 일찍이 길지도 늘지도 않았고, 긴긴 시간 또한 짧지도 줄지도 않는다.
無量無數曠大劫 智者了知則一念 一念未曾演長遠 長劫亦不縮成促.

이와 같은 글들은 한 생각과 영원함, 그리고 찰나가 모두 같은 뜻 이라는 말이다.

시간의 방향

흔히 시간은 흐른다고 한다. 그렇다면 시간은 어디로 흐르 는가? 미래로 흐르는가? 과거로 흐르는가? 또는 앞으로 흐르는가?

뒤로 흐르는가? 나아가 흐른다는 말이 적절한가?

할아버지가 손자를 안고 있다. 이때 시간은 어디로 흐르는가? 할아버지에게는 과거로 흐르고, 손자에게는 미래로 흐르는가? 아니면 할아버지에게는 미래로 흐르고, 손자에게는 과거로 흐르는가?

두 사람이 마주보고 걸어오고 있다. 이때 시간은 어디로 흐르는가? 앞으로 흐르는가? 뒤로 흐르는가? 앞으로 흐르면 두 사람의 시간은 부딪힐 것이고, 뒤로 흐르면 두 사람의 시간은 멀어질 것이다.

이는 이치에 맞지 않다. 시간을 흐르는 것으로 파악했기 때문에 일어난 현상이다. 흐르는 것으로 파악하지 않으면 이런 현상들이 일어나지 않는다.

따라서 신라 원효대사는 과거, 현재, 미래 같은 개념 자체를 부정한다. 중국 법장法藏 스님도 마찬가지다. 법장의 『대승기신론의기大乘起信論義記』에서는 말한다.

과거는 몸체가 없어 쫓아가기 어렵고, 현재는 순간이어서 머물지 않으며, 미래는 본디 쌓여진 것이 없다.
過去無體難追 現在刹那不住 當來本無積聚.

곧 과거, 현재, 미래 같은 것을 인정하지 않는다. 시간에 방향이 없으므로 시간의 역전逆轉 같은 것은 더욱 생각할 수 없다.

그러나 이는 공空에 중점을 둔 이야기고, 색色, 곧 물질세계에 중

점을 두면 견해가 다를 수도 있다. 곧 시간이 흐른다고 하는 것이 더 현실적이고 더 편리할 수도 있다.

과거, 현재, 미래를 인정하는 것도 더 현실적이고 더 편리할 수도 있다. 어쩌면 이것이 우리의 현실일지도 모른다. 물론 공에서 보면 모두 환상이고 헛것이고 꿈이지만 말이다.

또 위에서 말한 있다 없다(유무) 등도 그렇다. 이것 역시 있다고 하는 것이 더 현실적이고 편리할 수도 있다. 그리고 이것 역시 우리의 현실일지도 모른다. 역시 공에서 보면 모두 환상이고 헛것이고 꿈이지만 말이다. 과연 중생다운 소견이라 할 것이다.

시간의 지속

그러면 시간은 어디서나 한결같은가? 곧 빠르거나 느리거나 멈추거나 하지는 않는가? 물론 이들도 부정된다. 위에 인용한 명효 스님의 글에 나타난다.

한 생각도 일찍이 길지도 늘지도 않았고, 긴긴 시간 또한 짧지도 줄지도 않는다.

無量無數曠大劫 智者了知則一念 一念未曾演長遠 長劫亦不縮成促.

또 원효대사는 『이장의二障義』에서 이렇게 말한다,

한량없고 헤아릴 수 없는 시간도 한 생각일 뿐이다.

또한 한량없는 시간을 줄여서 최소의 찰나가 되게 하지는 못한다.

無量無數劫 卽是一念頃 亦不令劫短 究竟刹那法.

곧 시간의 빠름, 느림, 멈춤을 모두 부정한다. 그러나 이것도 어찌 보면 공, 곧 정신세계의 이야기고, 색, 곧 물질세계에서는 다를 수도 있다고 생각된다.

우선 시간은 멈출 수가 있다고 생각된다. 만약 일체 움직임이 없다면 시간은 멈추는 것이기 때문이다. 완벽한 공에 이르러 움직임이 없으면 시간이 멈춘다는 말이다.

또한 만약 완벽한 공에서 시간이 멈춘다면 그 사이의 시간은 빠를 수도 있고 느릴 수도 있을 것이다. 곧 시간의 지속遲速이 있을 수 있다는 말인데, 완벽한 공에 가까이 갈수록 시간이 점점 더 느리게 간다는 말이다.

이것이 뒤에 보는 불교 26천天에서 위로 올라갈수록 수명이 길어지고 아래로 내려갈수록 수명이 짧아지는 이유라 생각된다.

예를 들어 불교에서 도솔천兜率天의 수명은 인간세상의 나이로 계산하면 56억 년이 되지만, 바로 위 단계인 화락천化樂天은 그 8배인 448억 년이 된다. 이렇게 8배씩 늘어나 위로 올라가면 결국 무량수無量數가 된다. 곧 수명의 장단이 있다는 이야기니, 이는 시간의 지속이 있다는 이야기다.

한편 현대과학은 시간의 역전 등을 이야기하며 시간여행 등을 이야기한다. 그러나 잘 이해가 되지 않는다.

(*도솔천의 수명은 4,000년이고, 1년은 인간세상의 3,500일이며, 1일은 인간세상의 400년이니, 4,000×3,500×400은 56억 년임. 화락천은 모두 두 배로 계산함.)

9

현대 우주론의 한계

우주는 정말 둥근가?

이상과 같이 이야기했지만 많은 문제점이 노출된다. 우선 위에서 불교는 우주를 연꽃처럼 둥글게 보았다고 했다. 그렇다면 우주가 정말 둥근가? 혹시 세모나 네모는 아닌가?

그리고 꼭 입체이어야 하는가? 혹시 점이나 선이나 면 같은 것은 될 수 없는가? 그러나 그 어느 것도 자신 있게 대답할 수가 없다. 다만 공(球)과 같이 둥글다고 생각할 뿐이다.

우주의 모습을 무엇으로 보던 항상 그 바깥이 문제가 된다. 우주가 둥글다고 해도 그 바깥은 하고 묻게 되고, 우주가 평면이라 해도 그 바깥은 하고 묻게 되며, 우주가 선이라 해도 그 바깥은 하고 묻게 되고, 우주가 점이라 해도 그 바깥은 하고 묻게 된다.

사실 어떻게 보면 안팎(內外)을 따진다는 것 자체가 이상하다. 가령 어떤 경계선이 있다고 하자. 그리고 이 경계선의 안도 비고(內空) 밖도 비어서(外空), 안팎이 모두 비어서(內外空) 같다고 하자. 그러면 경계선이 있는가? 없다고 해야 할 것이다. 이때는 경계선의 의미가 없어진다. 안팎의 성질이 똑같기 때문이다.

이렇게 생각하면 위에서 말한 둥글다, 선이다, 면이다, 점이다 하는 말들이 모두 똑같은 말일 수 있다. 안팎이 모두 없으니 바깥도 모두 없기 때문이다. 따라서 모두 똑같은 형상을 나타내는 것이 된다. 단지 말만 다를 뿐이다.

그런데도 불구하고 우리는 자꾸 그 바깥은 하고 묻게 된다. 그리고는 이를 이해하기 위해 무척 애를 쓴다.

현대과학의 한계

이 외에도 현대과학의 문제점을 몇 가지 살펴본다.

첫째 현대과학에서 말하는 기간이다. 현대과학은 지구의 나이는 45억 년이고, 태양의 나이는 50억 년이며, 우주의 나이는 137억 년인데, 약 100억 년이 지나면 우주는 소멸한다고 한다.

학자들마다 기간이 다소 다른 것은 그냥 넘어가기로 한다. 문제는 위에 말한 기간이 눈에 보이는 부분만 고려했다는 점이다. 눈에 보이지 않은 부분은 고려하지 않았다는 점이다.

눈에 보이지 않는 부분이 무엇인가? 곧 성주괴공에서의 공이다.

172

불교는 성주괴공을 당연시하지만 현대과학은 이에 대한 확신이 없어 공을 뺀 나머지만 이야기한다. 따라서 만약 공까지 고려한다면 우주의 나이는 훨씬 더 늘어날 것이다. 이는 당연히 눈으로 보고 마음으로 보는 것의 차이다.

둘째 현대과학에서 쓰는 갖가지 법칙이나 이론들이다. 예를 들면 만유인력의 법칙, 상대성 이론 같은 것 말이다.

이것들이 우주 전반에 두루 적용되는 것인지, 아니면 우리 우주 또는 우리 세계해世界海에만 적용되는 것인지 알 수가 없다. 또한 무한히 반복되는 성주괴공에 모두 적용되는 것인지, 아니면 지금 우리가 살고 있는 성주괴공에만 적용되는 것인지도 알 수가 없다.

이에 따라 단위도 그렇다. 예를 들어 광년光年을 본다. 이 광년이 우주 전반에 두루 적용되는 것인지, 아니면 우리 은하 또는 우리 세계해에만 적용되는 것인지 알 수가 없다. 또한 모든 성주괴공에 적용되는 것인지, 아니면 지금의 성주괴공에만 적용되는 것인지 알 수가 없다.

만약 광년이 우주 전반에 두루 적용되는 것이라면 우주가 보편적이고 균일한 것이 되지만, 만약 그렇지 않다면 그 반대가 된다. 그러나 어느 것도 확신이 없다. 단지 두루 적용된다고 생각할 뿐이다.

셋째 지금 우리가 알고 있는 우주는 약 3,000억 개의 은하로 이루어졌으며, 또한 각 은하들도 약 3,000억 개의 별들로 이루어져 있다. 그리고 우주의 크기는 150억 광년이고 우리 은하의 크기는 10만 광년이다.

그러나 이 숫자들이 확정적일까? 아니다. 과학이 발전함에 따라 늘거나 줄어들 운명에 처해 있다. 이에 따라 우주에 대한 설명도 달라질 수 있다. 지금의 설명은 지금 우리가 아는 한도 내에서의 설명이란 말이다.

어쩌면 이와 같은 현상이 계속될 수 있다. 곧 현대과학의 한계성이라 할 것이다.

현대불교의 한계

그러면 불교는 문제점이 없는가? 당연히 있다. 특히 현대불교에서 그렇다. 위에서 석가가 우주에 대해 집중적으로 설명한 경전이 없다고 했다. 또 『화엄경』 등에 기록이 있으나 지금 우리가 잘 이해하지 못한다고 했다.

그 이유 중의 하나가 석가의 제자들이 스승의 말씀을 잘 이해하지 못해 기록으로 온전히 남기지 못한 때문일 수도 있다. 물론 지금 온전히 남아 있는데 단지 우리가 이해하지 못한 것일 수도 있다. 어쨌든 이와 같은 불이해不理解는 당분간 계속될 전망이다.

불교는 깨친 이(覺者)를 둘로 나눈다. 아라한(羅漢)과 부처(佛)가 그것이다. 쉽게 말하면 석가 이전의 깨친 이를 아라한이라 하고, 석가와 같이 깨친 이를 부처라 한다. 그러면 이 둘의 근본적 차이는 무엇일까? 인공과 법공이다.

인공人空은 사람 곧 내가 비었다는 것이고, 법공法空은 우주 또는 진리도 비었다는 것이다. 당시 아라한은 인공은 알았다. 그래서 갖은 고행을 해서 내가 비었음을 증명했다. 그러나 우주에는 어떤 절대적 진리가 있다고 생각했다. 이를 법집法執이라 하는데, 곧 우주 만법을 다스리는 절대불변의 진리가 있어서 이를 추구했던 것이다.

그러나 석가는 우주도 비어서 절대불변의 진리가 없음을 알았다. 곧 우주도 비어서 법공임을 알았다. 이른바 일체개공一切皆空임을 안 것이다.

하지만 법집에 물든 사람들에게 법공을 주장할 수가 없었다. 위험하기 때문이었다. 그래서 처음에 이야기하던 법공을 접고 인공만을 이야기했다. 그러다가 오랜 시간이 지난 뒤에야 틈틈이 법공에 대해서도 이야기했다. 이를 정리한 것이 『화엄경』이다.

그러나 위에서 말했듯이 이 『화엄경』을 봐도 우주를 잘 이해할 수가 없다. 만약 석가가 처음부터 우주에 대해 마음먹고 집중적으로 이야기했다면, 그리고 제자들이 이를 그대로 믿고 따랐다면 지금쯤 우리가 알고 싶어 하는 우주의 생성이나 시종, 우주의 모습이나 구조 등 상당 부분이 밝혀졌을 것이다.

그 이후 제자들도 문제이다. 『구사론』같이 우주에 대해 설명하는 경전이 있지만, 석가처럼 우주에 대해 깊이 관조한 제자는 없다.

현대불교는 더 심하다. 어쩌면 우주에 대해서는 전혀 관조하지 않는다고 할 수 있다. 현대의 고승들도 인공에 대해서는 나름대로 일가견을 설명하지만, 법공에 대해서는 전혀 말을 못한다.

그러나 우리의 옛 스님들은 나름대로 우주에 대해 이야기했다. 위에 말했듯이 신라 의상대사의 「법성게法性偈」가 그렇고 명효스님의 「해인게海印偈」가 그렇다. 분명히 우주에 대해 이야기하고 있다. 그러나 이후 맥이 끊기고 모두 인공만 이야기한다.

추측건대, 이렇게 된 이유는 중국 불교, 특히 중국 선禪 불교의 영향이 아닌가 한다. 예를 들어 간화선, 조사선, 묵조선 등의 영향을 받아 이렇게 되었다는 말이다. 위에 말한 선이 구체적으로 어떤 것인지는 문외한으로서는 알 수 없으나, 적어도 석가가 한 여래선如來禪과는 다르다고 생각된다.

여래선이 인간과 우주를 한꺼번에 관조한 것이라면, 이들 선은 인간만을 관조한다고 생각되기 때문이다. 따라서 만약 불교가 계속 지금과 같이 나간다면 불교에서 우주에 대한 설명을 기대하기는 어렵다는 말이다.

이는 곧 신라 이후 우리 고유의 불교문화를 계승하지 못함은 물론 석가의 설법 중 가장 중요한 한 부분을 빠트리는 것이 된다.

불교 예불에는 빠짐없이 『반야심경般若心經』을 독송하는데 이는 모두 인공人空에 관한 것들이다. 오온五蘊이 공이고, 육근六根·육진六塵·육식六識 등 십팔계十八界가 공이며, 십이인연十二因緣도 공이고, 사성제四聖諦도 공이며, 슬기도 공이라 하기 때문이다. 모두 인공에 대한 것이다. 우주에 대해서는 한마디도 없다. 따라서 『반야심경』만 읊어서는 법공에 대해서는 문외한이 된다.

이는 잘못하면 현대 불교는 아무리 잘해도 아라한(나한)이 되며 부처는 되지 못한다는 뜻이 된다. 부처는 사람과 우주를 모두 보아야 하는데 사람만 보기 때문이다. 이는 달리 말하면 현대 불교에서 원효, 의상, 명효 같은 고승을 기대하기는 힘들다는 이야기다.

물론 그런 것을 알아서 뭐하느냐고 물을 수도 있다. 일체개공一切皆空이니 어차피 모든 것은 공인데. 따라서 공에 들어가는 것이 중요한데, 물론 그럴 수도 있지만 그래도 알고 싶다.

[참고] 법성게 法性偈

본바탕은	둥글어	두모습이	없으며,
모든것은	안뮈어	본디부터	고요해
이름없고	꼴없어	모든것을	끊으니,
깨치면은	아는곳	다른자리	아니다.
참성질은	깊고도	아주아주	묘해서,
제성질은	안지켜	인연만을	따른다.
하나안에	모두요	모두안에	하나라,
하나가곧	모두요	모두가곧	하나라
작은먼지	하나가	온우주를	머금고,

모든먼지 똑같아 온우주를 머금어
한량없는 시간도 한생각일 뿐이요,
한생각도 똑같아 한량없는 시간뿐
아홉세상 열세상 서로모두 같지만,
어지럽진 않으나 구분되어 나눠져
처음마음 낼때가 올바르게 깨친때,
삶죽음과 벗어남 늘상함께 어우니
진리일함 어둑해 나눠짐이 없지만,
부처어짐 큰사람 자리되면 알아봐
능한사람 석가가 바다슬기 빠져서,
부처뜻의 그윽함 뒤집어서 꺼내니
보배비의 이로움 온하늘에 꽉차듯,
사람따라 그릇에 이로움을 얻어라
닦는이는 마땅히 본바탕에 돌아가,
헛된마음 끊어야 참된진리 얻는다.
조건없는 묘꾀로 부처뜻을 낚아채,
능력대로 돌아갈 밑천거릴 얻어라.
이짧막한 노래가 한량없는 보배니,
진리세계 궁전을 장엄하게 꾸며라.
참된자리 드디어 한가운데 않으니,
안뮌것을 예부터 부처부처 했구나.

法性圓融無二相 諸法不動本來寂 無名無相絶一切 證智所知非餘境
眞性甚深極微妙 不守自性隨緣成 一中一切多中一 一卽一切多卽一
一微塵中含十方 一切塵中亦如是 無量遠劫卽一念 一念卽是無量劫
九世十世互相卽 仍不雜亂隔別成 初發心時便正覺 生死涅槃常共和
理事冥然無分別 十佛普賢大人境 能人海印三昧中 繁出如意不思議
雨寶益生滿虛空 衆生隨器得利益 是故行者還本際 叵息妄想必不得
無緣善巧捉如意 歸家隨分得資糧 以陀羅尼無盡寶 莊嚴法界實寶殿
窮坐實際中道床 舊來不動名爲佛

(*「법성게法性偈」는 의상대사의 「화엄일승법계도華嚴一乘法界圖」를 줄인 말.
*법法은 달마達磨를 한역한 것인데 진리, 우주, 존재 등의 뜻이 있
음. 제법諸法은 모든 것, 법성法性은 모든 것의 본바탕.
*안 뮈다는 움직이지 않는다(不動)의 고어古語. 운율을 맞추기 위
해 찾아 썼음.)

[참고] 해인게海印偈

삶죽음과   열반은   다른곳이   아니고
번 뇌 와   깨침도   다른몸체   아니다.
열반세계   자리나   아는이가   없으며
깨침세계   곁이나   아는이가   드물어.

몸과마음　본디에　나고죽음　없는것
모든것도　똑같아　나고죽음　없는것
나지않고　죽잖고　머물지도　않는곳
이게바로　깨친곳　열반세계　몸체라.
하나안서　모두를　슬기론인　알고요
모두안도　똑같아　하나임을　알아봐.
한량없는　진리도　한진리일　뿐이고
한진리도　똑같아　한량없는　진리뿐.
하나의부　처땅이　온우주에　꽉차나
한세계도　본모습　그렇다고　안커져.
하나의부　처나라　온우주를　감싸나
모든세계　어느것　그렇다고　안겹쳐.
작은먼지　하나가　온우주를　머금고
모든먼지　똑같아　온우주를　머금어.
작은먼지　하나도　넓게크게　못하니
모든세계　본모습　늘상그대　로여서.
한량없고　수없고　크고긴긴　시간도
한생각일　뿐임을　슬기론인　잘알아.
한생각도　일찍이　길지늘지　않았고
긴긴시간　똑같아　짧지줄지　않았어.
온우주를　헤매어　부처되길　바라나

180

몸과마음   예부터   부처였음 모른것.

옛적부터   애써서   삶죽음떨   치려나

삶죽음과   열반이   본디같음 모른것.

生死涅槃非異處 煩惱菩提體無二 涅槃親而無人識 菩提近而甚難見

身心本來無生滅 一切諸法亦如是 無生無滅無住處 則是菩提涅槃體

智者一中解一切 一切法中解於一 無量法則是一法 一法則是無量法

一佛土滿十方刹 一刹本形亦不大 一佛國容十方界 而諸世界不重累

一塵包含十方刹 一切塵中皆如是 不令一塵增曠大 諸刹本相恆如故

無量無數曠大劫 智者了知則一念 一念未曾演長遠 長劫亦不縮成促

遍詣十方求成佛 不知身心舊成佛 往昔精進捨生死 不知生死則涅槃

(*신라 명효 스님의 『해인삼매론海印三昧論』의 일부. 제목은 역자 임의로 붙임.)

무명과 신

위에서 무명無明을 이야기했다. 밝힐 수 없는 것, 알 수 없는 것이라고. 또 무명의 속성을 이야기했다. 대립성이라고. 그러면 이로써 무명이 다 해결되었는가? 아니다. 대립성이 왜 생겼는지 모르기 때문이다. 또 무명 때문에 모든 것이 변한다고 했다. 그러면 왜 무명 때문에 모든 것이 변하는가? 변하지 않을 수는 없는가? 대답이 쉽지 않다.

또 변한다는 말이 적절한가? 변하지 않는다고는 할 수 없는가? 역시 대답이 쉽지 않다. 나아가 왜 이런 것들이 있는가? 왜 무명이 있고, 왜 우주가 있으며, 왜 우리가 있는가? 역시 대답이 쉽지 않다.

또 위에서 우주는 성주괴공을 반복한다고 했다. 정말 그러한가? 정말 우주가 영원히 성주괴공을 반복하는가? 도중에 멈추거나 어긋나거나 아니면 공空에서 영원히 마물 수는 없는가? 역시 대답이 쉽지 않다.

또 위에서 지금 우리는 성주괴공의 끝 단계에 있다고 했다. 정말 그러한가? 혹시 처음이나 어느 중간 단계에 있는 것은 아닌가? 역시 대답이 쉽지 않다.

그리고 또 위에서 우주의 시작과 끝(始終), 우주의 중심과 가(中邊), 우주의 있고 없음(有無) 등은 전혀 알지 못하고 "그냥 그대로"라는 말로 적당히 얼버무렸다.

이와 같이 우리는 온통 모르는 중에 살고 있다. 그러면서 알려고 노력한다. 그러면 이제 차라리 이와 같이 모르는 문제들을 신神에게 돌리고 그냥 살면 어떨까? "모든 것은 신의 뜻이다"라고 생각하며 우리는 그저 현실에 만족하며 열심히 살기만 하면 어떨까?

일단 이 방법도 상당히 매력적이다. 따라서 많은 사람들이 이 방법을 택한다. 그러나 문제는 이렇게 할 수가 없는 사람이 있다는 것이다. 이렇게 묻는 사람이 있기 때문이다.

신神! 당신은 누구요? 왜 존재하오? 어떻게 존재하오?

그리고 우주와 인간을 만들려면 좀 제대로 만들지, 어찌 이렇게 엉성하게 만들었소?

이와 같이 묻는 사람이다. 그리고선 의지가 있는, 생각이 있는, 인격체적인, 절대적인 신을 인정하지 않는다. 그리고는 나름대로 절대적 진리를 찾아보겠다고 머리를 싸매고 고민한다. 무명이 무엇인가, 죽음이 무엇인가, 나는 무엇인가, 우주가 무엇인가 등등 무엇인가라는 의문을 품고서 말이다.

창조와 진화

우리는 창조創造와 진화進化를 이야기한다. 그리고는 이 둘을 곧잘 엄격히 구분한다. 창조는 신이 문득 만든 것이고, 진화는 서서히 변천하는 것이라고.

그러나 이 말은 같은 말일 수도 있다. 기간을 짧게 보느냐 길게 보느냐 하는 차이뿐이다. 기간을 짧게 보면 창조이고, 기간을 길게 보면 진화다.

불교 성주괴공은 기간을 길게 본 것이니 진화의 개념이 강하고, 성경의 창세기는 기간을 짧게 본 것이니 창조의 개념이 강하다.

그러나 성주괴공을 짧게 보면 창조가 될 수 있고, 창세기를 길게 보면 진화가 될 수 있다. 곧 불교 성주괴공과 성경의 창세기가 같은 내용이 될 수도 있다는 것이다. 성경 창세기의 내용을 다시 본다.

땅은 혼돈混沌되고 공허空虛했다. 모든 것을 뒤덮은, 맹렬한 바다
가, 큰 어둠 속에 빨려 들어갔다.
첫째 날은 빛과 어둠이 분리되고, 둘째 날은 윗물과 아랫물이 분
리되며, 셋째 날은 아랫물과 땅이 분리되고, 넷째 날은 하늘이 생
기며, 다섯째 날은 새와 물고기가 생기고, 여섯째 날은 짐승과 사
람이 생겨서, 일곱째 날은 천지가 완성되었다.

물론 여기에 나오는 하루를 말 그대로 하루나 짧은 기간으로 볼
수도 있다. 그러면 창조가 된다. 그러나 비유라 생각하고 하루를 수
억, 수십억, 수백억 년으로도 볼 수 있다. 그러면 진화가 된다는 말
이다.

후자로 보면 불교와 개념과 비슷하다. 넷째 날까지는 불교에서
말하는 기세간器世間의 형성 기간이 되고, 다섯째 날부터는 중생세
간衆生世間의 형성 기간이 되기 때문이다.

또 맨 처음 구절은 전부가 불교에서 말하는 공륜에 해당되고, 첫
째 날은 풍륜에 해당되며, 둘째 날은 수륜에 해당되고, 넷째 날부터
는 금륜에 해당된다고 볼 수도 있다.

곧 창조와 진화는 표현과 이해의 차이일 뿐 내용은 같을 수도
있다는 말이다. 호킹 박사는 "자연발생적 창조"라는 다소 애매한

표현을 쓰는데, 이것 역시 진화와 창조를 한데 아우르는 말로 생각된다.

인류의 소멸

인류는 영원히 존재하는가? 아니면 언젠가는 소멸하는가? 불교의 이론으로 보면 인류는 당연히 언젠가는 소멸한다. 다른 종교도 이와 비슷하다. 종말론을 이야기하기 때문이다.

현대과학도 그렇다. 인류는 언젠가는 소멸한다. 지구의 나이, 태양의 나이, 우주의 나이를 이야기하기 때문이다. 나이가 있다는 것은 끝이 있다는 것이다. 따라서 이 중 어느 하나만 다해도 인류는 소멸한다.

이제 인류가 소멸하는 원인을 다시 한 번 생각해 보자. 그러면 크게 2가지로 나눌 수 있을 것이다. 인류가 원인을 제공하는 것과 그렇지 않은 것으로 말이다. 달리 말해 중생세간의 문제와 기세간의 문제라 할 수 있다.

이 중 앞의 것은 전적으로 우리 인간들의 책임이다. 흔히 말하는 자연파괴, 환경오염, 핵전쟁 같은 것을 말하기 때문이다. 앞서 이야기한 소삼재小三災, 곧 전쟁, 질병, 기근일 수도 있다.

그러나 뒤의 것은 원칙적으로 우리 인간이 관여할 사항이 아니다. 우주 질서가 그렇기 때문이다. 몇 가지 예를 본다.

첫째, 먼저 우주 성주괴공이다. 앞서 이야기했듯이 우주는 성주괴공에 걸려 있어 소멸을 피할 수가 없다. 따라서 인간의 소멸도 피할 수가 없다.

현대과학에서는 100억 년이 지나면 우주가 소멸한다고 한다. 이때 태양이나 지구는 이보다 일찍 소멸한다. 이는 불교의 성주괴공과 비슷하다. 어쨌든 때가 되면 우주가 소멸한다.

둘째, 은하들의 충돌이다. 알려진 바에 의하면 우리 은하와 가장 가까이 있는 안드로메다은하는 거리가 약 230만 광년인데, 이 둘은 시속 약 30만km로 서로 접근하고 있다고 한다. 만약 이런 상태로 계속 나간다면 약 30억 년 후에는 두 은하가 서로 충돌한다고 한다. 그러면 지구는 소멸된다. 물론 지금 우리가 우려할 사항은 아니지만 말이다.

셋째, 지구와 혜성과의 충돌이다. 이 우주에는 수많은 소행성과 혜성들이 떠돌아다닌다. 따라서 그들이 지구와 충돌할 가능성은 상존한다. 공룡이 혜성의 충돌로 멸종됐다고 하는데 인류도 그럴 수 있다.

넷째, 지구 자체에 천지개벽이 일어나는 경우다. 하늘과 땅이 뒤집혀져 우리 인간이 살아남지 못하는 경우다. 대규모 화산 폭발, 대규모 지진이 그것이다.

위에 말한 것 중 어느 하나도 우리는 자신 있게 알지 못한다. 어떻게 보면 우리 인간은 거미줄에 매달린 거미와 같다. 언제 망가질지도 모르는 거미줄에 의지해 공중에 매달린 채 하루하루를 즐기는 것뿐이다. 그런 중에서도 무엇을 알아보겠다고 애쓰는 모습이 갸륵하기도 하고.

사실 위에 말한 것들은 대부분 우리 인간 능력의 한계를 벗어 난다. 어쩌면 극히 우연일 수도 있고 또한 피할 수 없는 것일 수도 있다.

따라서 정작 우리가 우려할 사항은 오히려 중생세간의 문제, 곧 우리 스스로 지구를 망치는 일이라 생각된다. 자연을 파괴해 대재 앙을 불러오는 것 말이다. 이는 대부분 인간의 탐욕貪慾에 기인한 다. 어쨌든 어느 모로 보나 인간에게 이롭지 못하다.

선악이 있는가?

그러면 우주에 선악이 있는가? 성주괴공이 일어나 우주가 파괴되어 모조리 소멸될 때 선악의 개념이 있는가? 은하가 충돌하 고 혜성彗星이 충돌하고 유성流星이 쏟아져 모든 것이 파괴되어 아 수라장이 될 때도 선악의 개념이 있고, 화산이 폭발하고 지진이 일 어나며 해일이 일어나고 폭풍이 몰아칠 때도 선악의 개념이 있는 가? 그리하여 악한 사람은 피해를 입고 선한 사람은 피해를 입지 않는가?

어쩌면 이때는 선악의 개념이 존재하지 않는다고 봐야 할 것이 다. 우리가 흔히 생각하는 선악 말이다. 따라서 적어도 기세간에는 선악의 개념이 존재하지 않는다고 생각된다.

선악의 개념이 존재하지 않는다는 말은 절대적 존재인 신神을 인정하기 곤란하다는 말이다. 선악의 개념이 없는 신은 존재할 필요가 없기 때문이다. 곧 기세간에서는 신의 개념이 없다. 신의 개념은 오직 중생세간에만 있다. 따라서 선악의 개념도 여기에만 존재한다.

그러면 이때의 신은 전지전능한가? 답하기가 곤란하다. 모든 것을 다 아는지는 몰라도, 모든 것을 다 할 수는 없는 것 같다.

곧 성주괴공이 일어나는 것을 아는지는 몰라도, 성주괴공을 막아 선한 사람을 구할 수는 없다. 혜성이 충돌하는 것을 아는지는 몰라도, 혜성을 막아 선한 사람을 구할 수는 없다. 화산, 해일, 폭풍 등 천재지변도 마찬가지다.

따라서 중생세간에는 비록 필연성(인연법)이 존재하지만, 기세간에는 오직 가능성만 존재할 수도 있다.

생명체

생명은 조화調和라 할 수도 있다. 여러 가지가 어우러져 조화를 이룬 것이 생명체라는 말이다. 따라서 동물이나 식물은 물론 우주나 지구도 생명체라 할 수 있다. 물론 이 중 우리는 동식물만을 생명체로 본다.

그런데 불교에는 중생衆生이란 말을 쓴다. 곧 여럿이 뭉쳐서(衆) 생겨났다(生)는 뜻이다. 무엇이 뭉쳐서 생겨났는가? 보고, 듣고, 냄

새 맡고, 맛보고, 느끼고, 생각하는(안이비설신의眼耳鼻舌身意), 곧 감각기관 또는 인식기관이 뭉쳐서 생겨났다는 말이다. 따라서 중생은 생명체와 같은 말이다.

그렇다면 이 우주에는 우리 인간과 같은 생명체만 존재할까? 또는 지구상의 생명체와 같은 생명체만 존재할까? 그렇지 않을 수도 있다.

이 우주에는 수많은 생명체가 존재할 수 있다. 그리고 그 모습은 우리 인간이나 지구 생명체와 전혀 다를 수도 있다. 어떤 것은 위에 말한 안이비설신의 중 한 두 개가 빠졌을 수도 있고, 또 어떤 것은 거꾸로 한 두 개가 더해졌을 수도 있다. 그들도 생명체다. 우리가 그것을 생명체라 인정하든 안하든 상관없이 말이다.

생명체가 조화라면 그 조화의 방법과 모습에는 여러 가지가 있을 수 있기 때문이다. 따라서 우리 인간은 우리 지구에만 특수한 생명체일 수도 있다.

이제 만약 우리가 진정 이 우주에서 생명체를 찾겠다면 우리 인간과 비슷할 것, 지구의 생명체와 비슷할 것이라는 관념을 벗어나야 한다. 그들의 생김새와 신체 구조, 모습, 체질, 기능 등이 우리 인간과 전혀 다를 수도 있다는 점을 인정해야 한다. 그래야만 우주에서 생명체를 찾을 수 있다.

사실 이런 생명체들은 이미 이 우주에 무수히 존재할 수도 있다. 그리고 그들의 모습은 우리 눈에 안 보일 수도 있다. 우리 눈은 우리에게, 지구에게 특수한 것이기 때문이다.

따라서 만약 우리가 우리와 비슷한 생명체만 찾는다면 우리는 그들을 찾지 못할 것이다. 오히려 우리가 그들에게 찾길 수도 있다.

외계 이주

그러면 이제 우주 생명체를 찾았다고 하자. 그리고 천만다 행으로 그들의 땅이 우리가 살기에 적합하다고 하자. 그러면 그것이 우리에게 도움이 될까?

그들 중에는 기술 수준이 우리보다 낮은 것도 있고, 높은 것도 있으며, 비슷한 것도 있을 것이다.

낮을 경우라면 우리가 그들의 땅을 정복해서 대신 살든지, 아니면 그들의 자원을 빼앗아올 수도 있을 게다. 도덕적으로는 사악하지만 말이다.

높은 경우라면 우리가 불리하다. 다행이 그들이 우리에게 우호적이라면 모르겠지만, 만약 비우호적이라면 우리가 그들에 의해 쫓겨날 수도 있기 때문이다.

결국 우리와 비슷한 수준을 찾아야 한다. 그러나 비슷한 것은 결국 비슷할 뿐이다. 친구는 될지 몰라도 큰 도움은 되지 못한다. 결국 그들은 그들이고 우리는 우리다.

또 이제 우리 지구와 비슷한 환경의 땅을 찾았다고 하자. 그리고 우리가 그곳으로 옮겨가 살 수도 있다고 하자. 그렇다고 해서 이것이 나에게 도움이 될까?

물론 어떤 사람에게는 도움이 될 수도 있을 것이다. 그러나 적어도 나에게는 도움이 되지 않는다. 나는 시간적으로 불가능하기 때문이다. 대개 사람은 100살을 넘기기가 힘든데, 그곳에 가는 데는 수만 년, 수억 년이 걸릴 수도 있기 때문이다. 이는 지구상에 살고 있는 사람 대부분에 해당된다.

따라서 나에게 중요한 것은 오직 지구뿐이다. 이 지구만이 내가 살 수 있는 곳이다. 다른 행성을 찾아서 정복한다든지, 이주한다든지 하는 것은 나와는 상관이 없다. 대부분의 사람들이 이럴 것이다.

따라서 지구를 아끼고 사랑하며, 나아가 마음을 닦아 공空에 들어가 성주괴공을 벗어나는 것밖에 없다.

UFO(미확인 비행 물체)

UFO(unidentified flying object)는 미확인 미행 물체이다. 무엇인지는 잘 모르지만 하늘을 나는 물체이다.

물론 이를 부정하는 사람도 있고 인정하는 사람도 있다. 부정하는 사람은 대체로 이를 자연현상, 광학현상光學現象으로 파악하고, 인정하는 사람은 대체로 외계인과 연계시킨다. 어느 말이 옳은지는 알 수가 없다. 여기서는 달리 한번 생각해 본다.

X선은 물질을 투과해서 형상을 만들어낸다. 그리고 중성미자는 어떤 물질도 걸림 없이 통과한다.

이제 이를 종합해 생각을 확장한다. 곧 지구를 투과해서 형상을 만들어낼 수 있다고 말이다. 지구 동쪽에서 어떤 빛을 쏘아 반대편인 지구 서쪽에 어떤 형상을 만든다는 것이다.

또 생각을 확장한다. 이번에는 위의 빛에 어떤 기계 장치를 싣는다. 만약 이 빛이 지구를 투과하면 지구 동쪽에 있던 빛이 순식간에 지구 서쪽으로 옮겨간다. 기계 장치를 실은 채 말이다. 이것이 예들 들면 서울 상공에 나타났던 UFO가 순식간에 지구 반대편인 남미에 나타나는 것이다.

생각을 더 확장한다. 이번에는 위의 빛에 생명체가 탈 수 있다고 말이다. 속도도 빛보다 빠르다고 말이다. 물론 더 빠를 수도 있다. 그러고선 우주를 횡횡하며 다닌다. 어떤 별도, 어떤 은하도 투과하며 말이다. 그러면 우주 이쪽에 있던 빛이 순식간에 우주 저쪽까지 갈 수 있다. 말 그대로 동에 번쩍 서에 번쩍이다.

어쩌면 이 우주에는 이미 이런 기술과 이렇게 할 수 있는 생명체가 있을 수도 있다. 곧 이 우주에는 우리보다 훨씬 더 우수한 생명체가 있을 수도 있다는 말이다. 위에 말한 UFO가 실존일 수 있다는 말이다.

현신

기왕 생각하는 김에 한 가지 더 생각하기로 한다. 곧 불교에서 말하는 현신現身이다. 부처가 현실 세계에 몸을 나타내는 것인데, 과연 부처가 우리에게 몸을 나타낼 수 있을까?

부처는 천당天堂에 계시고 우리는 지상地上에 있는데? 어쩌면 천당은 정신적 세계이고 지상은 물질적 세계인데. 또 어쩌면 부처는 하늘 저 너머에 있고 우리는 여기에 있는데.

더욱이 나 같은 사람한테 말이다! 나라는 사람은 우주 전체로 보면 티끌에 티끌에도 지나지 않는데. 완전 무시해도 좋을 정도인데. 거기다 나는 깊은 수행도 없는데. 그런데도 내가 간절히 바란다고 해서 내 앞에 부처가 나타날 수가 있을까?

그러나 이는 공空을 통하면 가능하다. 위에서 말한 것처럼 공에는 시간과 공간 개념이 없다. 어느 곳이나 보편적이기 때문이다. 따라서 우주 저쪽에 있던 부처가 공을 통해 바로 나에게로 다가올 수 있다.

속도도 생각만큼 빠르다. 같은 시각이기 때문이다. 개수 또한 관계가 없다. 공에서 모두에게 바로 나오기 때문이다. 따라서 부처는 동시에 곳곳에 나타날 수 있다. 부처가 원하면 언제든지 누구든지 바로 그 앞에 나타난다는 말이다. 이것이 현신이다. 대웅전大雄殿에는 흔히 이런 주련柱聯이 걸려있다.

佛身普遍十方中 三世如來一切同 (불신보편시방중 삼세여래일체동)
廣大願雲恒不盡 汪洋覺海妙難窮 (광대원운항부진 왕양각해묘난궁)
온 우주에 부처 몸, 널리 널리 두루해,

세 세상의 부처는, 모두 모두 똑같아,

부처 바람 넓고 커, 항상 다함 없으나,

깨침 바다 또 넓어, 끝을 알기 어려워.

이 중 앞의 두 구절을 보면 온 우주(시방)는 공간적 개념이고, 세
세상(삼세)은 시간적 개념이다. 곧 공간적으로는 부처 몸이 온 우
주에 두루하고, 시간적으로는 부처가 전세前世, 현세現世, 내세來世
에 똑같다는 말이다.

통틀어 불신보편佛身普遍, 곧 부처 몸은 온 우주에 두루하다고 할
수 있는데, 이는 부처가 시공時空을 초월한다는 뜻이다. 곧 앞서 말
한 같은 공간 같은 시각과 통한다.

그러면 이제 우리 같은 사람이 부처처럼 해볼 수는 없을까? 곧
공으로 들어가서 우주 저쪽으로 건너갈 수는 없을까?

만약 우리가 색(물질)과 공을 마음대로 넘나들 수만 있다면 가능
할 것이다. 곧 생각 정도의 빠르기로 우주를 횡횡할 수 있을 것이
다. 그리고 부처처럼 온 우주에 두루할 수도 있을 것이다. 이때의
공空을 현대과학에서는 초공간超空間이라 한다.

10

깨침

공과 영생

우리는 죽음을 피할 수 없다. 우주가 성주괴공에 걸려 있고, 인간도 생로병사에 걸려 있기 때문이다. 그러나 우리 인간은 그대로 당하지만은 않는다. 이런 중에도 죽음을 떨치고 영원히 살려고 한다. 이 절박한 상황에서 우리 인간이 소기의 목적을 달성할 수 있을까? 어쩌면 달성할 수 있을지도 모른다.

우선 나를 본다. 몸(身)과 마음(心)으로 나눠서 말이다. 그런 후 몸을 본다. 예로부터 우리 인간은 더 오래 살고 심지어 영원히 사는 방법을 찾았다. 과거의 장생술長生術, 신선술神仙術이 그렇고 현대 의학이 그렇다. 어쨌든 질병도 많이 퇴치되었고 인간의 수명도 많이 늘어났다.

그러나 비록 다소 오래 살 수는 있어도 영원히 살 수는 없다. 적어도 지금의 수준으로는 말이다. 불경에서는 인간의 수명이 8만 4천 살에서 10살까지로 오르내린다고 한다. 따라서 지금으로서는 우리 몸의 죽음은 피할 수가 없다.

그렇다면 마음은 어떨까? 이는 영원히 살 수 있다. 마음은 생로병사나 성주괴공에 걸리지 않을 수도 있기 때문이다. 뛰어넘을 수도 있기 때문이다. 어떻게 하면 되는가? 공空에 들어가면 된다. 불교의 공, 성주괴공의 공 말이다.

공에 들어가면 어떻게 해서 영원히 사는가? 무너지지 않기 때문이다. 곧 무너질 것이 없기 때문이다. 거의 완벽한 공이기 때문이다.

위에서 말했듯이 불교 4선천 이상은 무너지지 않는다. 무너질 것이 없는 곳이다. 따라서 생로병사는 물론 성주괴공도 관여하지 못한다. 그래서 죽음이 없다. 영원히 산다.

이 단계에 들어가는 것을 깨침(覺)이라 하고, 그 들어가는 과정을 수행修行이라 하며, 이 단계에 이른 자를 깨친 이(覺者)라 한다.

무주공산

그러면 이 부러움의 대상인 공空은 누가 만든 것일까? 아니다. 누가 만든 것이 아니라 본디부터 있는 것이다. 본디부터 그런 것으로 본디부터 빈 것이다. 본디부터 비었는데 누가 만들었겠는가? 따라서 만든 사람이 없다. 불교에서는 말한다.

부처가 있든, 부처가 없든 본디 그러하다.

有佛無佛 法爾.

공空은 본디부터 있는 것으로 부처하고도 상관이 없다. 부처가
만든 것도 아니라는 말이다. 『유마경維摩經』에서는 말한다.

나도 없고 만드는 것도 없고 만들어진 것도 없다.

無我無造無受者.

곧 『유마경』은 만든 자다, 만든다, 만들어졌다 모두를 부정한다.
그러면 공空의 주인은 있는가? 없다. 만든 사람이 없는데 주인이
어디에 있겠는가? 이른바 무주공산無主空山이다.

그런데 이 무주공산인 공을 차지하기 위해 경쟁하는 사람들이
있다. 이른바 종교의 창시자와 그들의 추종자들이다. 그들은 이 무
주공산을 더 많이 선점하기 위해, 더 많이 차지하기 위해 나름대로
수많은 노력을 한다. 해탈, 영생, 제도濟度, 구원, 극락, 천당 등등의
말을 써가면서 말이다.

그리고는 자기들이 차지한 공空에 울타리를 쌓는다. 무슨 왕국,
무슨 천국, 무슨 천당, 무슨 극락 하면서 말이다. 거창한 집도 짓는
다. 무슨 교회, 무슨 성당, 무슨 사찰, 무슨 성전 하면서 말이다. 커
다란 문패도 단다. 불교, 기독교, 천주교, 이슬람교, 힌두교 하면서

말이다.

그러다 정도가 지나치면 더 많은 영역을 차지하기 위해 서로 비방하고 주먹질하고 심지어 사람을 죽이고 전쟁을 일으킨다. 그러고도 성전聖戰이다 뭐다 하면서 입에 거품을 문다.

흔히 이를 종교의 해독이라 한다. 심지어 종교를 마약에 비유하기도 한다. 그 본바탕은 당연히 무주공산을 많이 차지하기 위한 욕심이다.

그러나 이들이 모르는 것이 하나 있다. 곧 자기들이 차지한 공空이 전체적으로 볼 때는 정말로 미미하다는 사실이다. 갠지스 강 티끌보다도 작을 수 있다. 무시해도 좋을 정도다. 이 광활한 우주에서 지구가 차지하는 비중, 나아가 인간이 차지하는 비중을 생각하면 금방 이해가 될 것이다.

따라서 공의 태반은 말 그대로 무주공산 그대로 남아 있다. 지금 그들은 조그만 부분을 차지해서 울타리를 쌓고는 그것이 전부인양 착각하고 있다. 그래서 어떤 이는 이를 게딱지라고 한다.

그렇지만 물론 일리도 있다. 어차피 다 알 수는 없으니까. 다 차지할 수는 없으니까. 하지만 멀리서 보면 답답할 수도 있다는 말이다. 그 바깥은 넓음 그대로 텅 비었기 때문이다. 어떻게 보면 울타리를 무시하고 사는 것이 더 자유로울 수도 있다.

공과 천당

이제 불교가 차지한 무주공산, 곧 불교의 공空을 다시 본다. 그러기 위해 먼저 불교의 세계관을 본다.

불교는 우선 세계를 10가지로 나눈다. 부처, 보살, 연각, 성문, 천, 인간, 수라, 축생, 아귀, 지옥 하면서 말이다. 이른바 십계十界다.

또 부처(佛)를 제외한 9가지를 셋으로 나눈다. 욕계, 색계, 무색계 하면서 말이다. 이를 삼계三界라 한다. 부처를 완벽한 공空이라 한다면 보살菩薩, 연각緣覺, 성문聲聞, 천天은 완벽하지 못한 공이라 할 수도 있다. 인간人間 이하는 공에 들어가지도 못한다.

보살, 연각, 성문, 천을 가리켜 천당天堂이라 한다. 그리고는 이를 다시 자세히 나눈다. 곧 26천天이다. 물론 나누는 방법은 사람마다 다소 차이가 있다.

욕계欲界는 우리 인간들처럼 욕심 많은 중생이 사는 곳이다. 곧 정신보다 물질이 우선하는 세계다. 이는 다시 5도道와 6욕천欲天으로 나눠진다.

색계色界는 수행을 많이 한 사람이 사는 곳이다. 시원적始原的 물질들만 존재하는 곳으로 정신이 우선하는 세계이다. 물질과 공의 중간 단계라 할 수 있다. 이는 다시 초선천, 2선천, 3선천, 4선천, 정범지로 나눠진다.

무색계無色界는 고도의 수행자만이 들어갈 수 있는 곳이다. 시원적 물질도 없는 곳으로 순수한 정신세계이다. 어쩌면 공 또는 공에 가깝다고 할 수 있다. 이는 다시 4가지로 나눠진다.

위에서 말했듯이 이 중 색계 4선천 이상은 무너지지 않는다. 3선천 아래만 무너진다. 따라서 4선천 이상은 물질적 생멸과는 관계가 없다. 우주의 성주괴공에도 걸리지 않는다. 그래서 사람들은 여기에 들어가려 피나는 노력을 하는지도 모른다.

그러나 불교는 여기서 그치지 않는다. 더 완벽한 공을 찾기 때문이다. 목숨을 걸고 깊이 수행한다. 그리하여 완벽한 공에 들어가 일체의 생멸을 벗어난다. 이를 확연대오廓然大悟라 한다. 일체 모든 것을 다 깨쳤다는 뜻이니, 곧 부처다.

10계十界
부처, 보살, 연각, 성문, 천, 인간, 수라, 축생, 아귀, 지옥.

3계와 26천
무색계(4공처)-공무변처, 식무변처, 무소유처, 비상비비상처.
색계- ⑤정범지(7천)-무번천, 무열천, 선현천, 선견천, 색구경천,
　　　　　　　　　　화음천, 대자재천(마혜수라천)
　　　④4선천(3천)-무운천, 복생천, 광과천
　　　③3선천(3천)-소정천, 무량정천, 변정천
　　　②2선천(3천)-소광천, 무량광천, 광음천
　　　①초선천(4천)-범천, 범중천, 범보천, 대범천
욕계- ②6욕천-4천왕천, 도리천, 야마천, 도솔천, 화락천, 타화자재천
　　　①5도-지옥, 아귀, 축생, 수라, 인간

공도 헛것

위에서 불교의 공空을 보았다. 그러면 정말 이러한 공이 있는가? 아니다. 없다(?). 앞서 이야기한 것처럼 공도 비었다. 공은 위로 올라 갈수록 점점 더 비어진다. 완벽한 공에 이르면 완벽하게 비어진다.

따라서 여기에는 천당이니 극락이니 하는 것도 존재하지 않는다. 이것들은 공에서도 아래 단계에만 존재한다. 위로 올라갈수록 이것들도 한갓 헛것이 된다. 『화엄경』에서는 이렇게 말한다.

삶 죽음(생사)과 열반, 이 둘은 모두 허망한 것이다. 生死及涅槃
是二悉虛妄.

삶과 죽음은 물론 열반도 헛것이란 말이다. 또 『대품반야경大品般若經』에서는 말한다.

색수상행식(빛깔, 받아들임, 생각, 움직임, 가리새)은 허깨비 같고 꿈과 같다. 나아가 열반도 허깨비 같고 꿈과 같다. 만약 어떤 뛰어난 열반이 마땅히 있다고 한다면, 나는 또다시 허깨비 같고 꿈과 같다고 말할 것이다.
色受想等如幻如夢 乃至涅槃如幻如夢 若當有法勝涅槃者 我說亦復
如幻如夢.

열반도 헛것이란 말이다. 열반이 헛것이니 천당과 극락이 있겠는가? 이것도 헛것이다. 나아가 공도 헛것이다. 공 자체도 부정한다. 공도 이름뿐이란 말이다. 경에서는 말한다.

차라리 나라는 견해를 일으키는 것이 수미산 같을지라도,
비었다는 견해는 털끝만큼도 일으키지 않겠다.
寧起我見 如須彌山 不起空見 如毫釐許.

나라는 견해(아견)를 없애는 것이 깨침(인공)의 지름길이다. 따라서 나라는 견해는 아주 나쁘다. 그렇다면 비었다는 견해(공견)는 가져도 되는가? 아니다. 이것 역시 나쁘다. 더 큰 깨침(법공)을 방해하기 때문이다. 그래서 위와 같이 말한 것이다. 또 말한다.

있다(유)는 집착을 없애기 위해, 여래는 그 빈 것(공)을 이야기한다.
만약 사람이 다시 빈 것에 집착한다면 모든 부처는 가르치지 아니한다.
爲除有執故 如來說其空 若人復執空 諸佛所不化.

공에 집착한다면 심지어 더 이상 가르치지 않겠다고까지 말한다. 공도 억지로 지어낸 말로서 방편에 불과하다는 것이다. 이와 같

이 불교는 공도 철저히 부정한다. 공을 부정하니 다른 것은 말할 것도 없다.

모든 종교 역시 헛것이다. 완벽한 공에서는 종교가 존재하지 않는다. 종교는 완벽하지 못한 공에서만 존재한다.

따라서 여기는 천당과 극락이 있을 수 있다. 그리고 많은 사람들이 여기에 심취한다. 사실 어찌 보면 대부분 완벽한 공에 들어갈 수 없는 사람들인지도 모른다. 현실이기도 하고.

불교는 사실과학

위에서 본 것처럼 불교는 사실이고 과학이다. 석가는 우주에 대해 자기가 보고 깨친 것을 있는 그대로 이야기한 것뿐이다. 성주괴공이 그렇고 중첩우주가 그렇고 화장장엄세계해가 그렇다.

불교는 종교가 아니라 할 수 있다. 만약 절대적 신神을 상정해 놓고 그것을 절대적으로 믿는 것이 종교라면 불교는 더욱더 종교가 아니다. 자기가 깨친 것과 그에 이르는 방법을 설명한 것을 종교라 할 수 없기 때문이다.

석가가 깨친 것은 당연히 공이다. 일체만물이 공이라는 것이다. 그러나 그것을 말로 표현하고 이해시킬 수가 없었다. 그래서 사람에 따라 장소에 따라 이렇게 설명하고 저렇게 설명했다. 여러 가지 비유를 해가면서 말이다.

그러나 궁극적인 것은 말로 표현할 수가 없었다. 그래서 침묵했다. 이때 위에 말한 것처럼 가섭은 알아듣고 빙긋 웃었다. 그러나 모든 사람들이 가섭처럼 알아들을 수 있는 것이 아니었다. 그래서 석가는 그들을 위해 끊임없이 말씀하셨다. 이 말씀을 모은 것이 불교의 경經이다.

그래도 사람들은 석가의 말씀을 이해할 수가 없었다. 그래서 나름대로 이해하기 위해 일생을 수행했다. 그리고는 드디어 깨쳤다. 그리고는 그것을 글로 썼다. 이것을 모은 것이 불교의 논論이다.

따라서 만약 공에 이르기만 하면 위에 말한 방대한 경과 논은 필요 없게 된다. 이미 깨쳤는데 무슨 깨침의 공부가 필요한가? 이미 강을 건넜는데 강을 건너는 배(舟)가 왜 필요하며, 이미 시험에 합격했는데 시험공부가 왜 필요한가? 심하게 말하면 깨치기만 하면 석가도 필요 없게 된다. 우리가 강을 건너지 못했기 때문에 배가 필요하고, 시험에 합격하지 못했기 때문에 공부가 필요한 것뿐이다.

따라서 위에 말한 경과 논도 단지 방편일 뿐 성전도 경전도 아니며, 석가도 단지 위대한 스승일 뿐 신도 절대자도 아니다.

또 위에서 말한 무주공산無主空山을 많이 차지하는 것이 좋은가? 그러나 그것도 욕심이다. 공은 그저 공일 뿐이다. 본디부터 그대로 있는데 괜히 인간들만 바쁜 것이다.

인법유무제등

그러면 이제 우리는 어떻게 살아야 하는가? 현실과 공 사이에서! 일찍이 원효대사는 『이장의』에서 이렇게 말했다.

사람과 우주의 있고 없음이 가지런히 같다.
人法有無齊等(인법유무제등).

이 말은 원효대사 『이장의』의 총결 구절이다. 여기서 있다는 것은 우주 삼라만상이 있다는 것이고, 없다는 것은 우주 삼라만상이 없다는 것이다. 있다는 것은 허깨비라도 있다는 뜻이고, 없다는 것은 그것도 빈 것이란 뜻이다. 성주괴공 중 성주괴成住壞가 있다에 속하고, 공空이 없다에 속할 수도 있다.

또 우리 인간이 살아 있는 동안을 있다고 하고, 죽은 뒤를 없다고 할 수도 있다. 또 깨쳐서 공空에 이른 것을 없다고 하고, 그렇지 못한 것을 있다고 할 수도 있다.

어쨌든 우주 삼라만상 모든 것이 결국 환상이고 허깨비며, 우리 인생도 결국 한바탕 꿈이고 헛것이다. 그렇다고 현실을 무시할 수만은 없다. 이 세상을 무시할 수만도 없고, 나 자신을 무시할 수만도 없다.

이에 이 둘을 아우를 필요가 있다. 이것이 "있고 없음이 가지런히 같다"는 것이다. 가지런히 같다는 것은 똑같지는 않지만, 같다고도 할 수 있다는 말이다. 구태여 구분할 수도 있겠지만 구분할 필요가 없다는 말이기도 하다.

이에 거리낌 없는 행동이 나오는 것이다. 도무지 거리낄 이유가 없다. 그냥 자유롭게 즐기는 것뿐이다. 여기의 자유란, 마음의 자유는 물론 생사의 자유까지 포함한다. 깨쳐서 생사를 뛰어넘었기 때문이다. 그러면서 마치 전쟁하듯 이 세상을 철저히 산 것이다.

1300년 전 신라 원효대사의 모습이다. 분황사 고승이면서 요석공주를 맞아 살림을 차렸고, 임금 앞에서 『금강삼매경金剛三昧經』을 강의하다가 호롱 박을 차고는 거리에서 노래하고 춤추었다. 그러면서 중생을 깨우쳤다.

깊은 산골 토굴 속에서 수행하다가 어느 때는 기생집에 들어앉았고, 거지와 고관도 차별하지 않았다. 그러면서 200여 권의 책을 저술했다. 세상을 만끽하며 철저히 산 것이다. 이른바 원효 무애행이다.

무애행无㝵行을 둘로 나누면 무애가无㝵歌와 무애무无㝵舞가 된다. 곧 거리낌 없는 노래와 거리낌 없는 춤이다.

성주괴공 도는 우주 막을 거야 거 뭐 있나.
제 구태여 돌겠다면 도는 대로 놔둘 밖에.
그렇지만 이내 몸은 따라 돌고 싶지 않아
멀찌막이 비켜서서 도는 모습 구경할 뿐.

강승환

1950년 경북 상주에서 태어났다. 서울대학교 지리학과를 졸업하고 건설회사에서 근무하다 부동산 중개업을 하였다. 이때의 경험을 바탕으로 소설 『땅따먹기』를 펴내기도 하였다.

이후 원효의 저서와 대승기신론 관련 경전 번역에 매진하는 등 우리 문화 연구에 전념하고 있으며, 『이야기 원효사상』을 펴내기도 했다.

인터넷 블로그 「http://blog.naver.com/kp8046, 대승기신론 우리말 번역」에서 연구 성과들을 확인할 수 있다.

불교에서 본 우주

초판 1쇄 발행 2014년 6월 18일 | **초판 3쇄 발행** 2021년 8월 4일
지은이 강승환 | **펴낸이** 김시열
펴낸곳 도서출판 운주사

(02832) 서울시 성북구 동소문로 67-1 성심빌딩 3층
전화 (02) 926-8361 | 팩스 0505-115-8361
ISBN 978-89-5746-378-9 03220   값 12,000원
http://cafe.daum.net/unjubooks 〈다음카페: 도서출판 운주사〉